M722e

Molina-Loza, Carlos Arturo, 1950 —

Eu não sabia - mas Clio me contou: narrativas terapêuticas / Carlos Arturo Molina-Loza - Belo Horizonte : ArteSã, 2000.

xxvii, 180 p. : il. Cm.

ISBN **85-8800-02-1**

1. Psicoterapia. 2. Psicanálise e literatura. I. Título.

CDD-150.195

Catalogação na fonte do Departamento Nacional do Livro

Carlos Arturo Molina-Loza

Eu não sabia... mas Clio me contou

Narrativas terapêuticas II

Prólogo
Dr. Fernando Gonzales Rey
Pesquisador associado da Universidade de Brasília
Prefácio
Jorge Estuado Molina-Loza
Pesquisador do Centro de Investigaciones Regionales de Mesoamérica

ArteSã

ArteSã

Editor
Carlos Arturo Molina-Loza

Secretaria Administração
L. Mara Santos

Capa
Carlos Arturo Molina-Loza

Revisão
Antônia Aparecida Mendonça Vieira
Maria Luiza Gaetani Souza Leite

Academia Psicoterapêutica

Rua do Ouro 136 – 1005, Serra
32220-000 Belo Horizonte, Minas Gerais
Fone-fax 31 3227 14 53
molina_l@uol.com.br

Número especial de *Família* Temas de Terapia Familiar e Ciências Sociais*

2000

Impresso no Brasil

Sumário

Duas palavras...

Quando, durante os últimos dias de 99, estava preparando-me para colocar um ponto final no daquele que acabaria por ser o primeiro volume das minhas *Narrativas Terapêuticas*,[1] já havia começado a rascunhar os textos que comporiam esta nova empreitada. Para dizer a verdade, qualquer um dos trabalhos poderia ter sido concluído primeiro. Sua ordem de aparição não indica que um deva ser lido antes do outro. Eles têm vida própria e independente, poderão ser lidos em qualquer ordem.

Naquele —que acabaria sendo o primeiro— meu intuito era apresentar alguns dos contos terapêuticos que, sendo escritos a partir dos relatos dos clientes, propunham uma releitura da sua história, apresentando-a sob uma forma mais alvissareira. Neste volume, que agora chega às tuas mãos, meu propósito adquire uma outra dimensão. Quis mostrar, a partir de uma reflexão histórica, os fundamentos da minha compreensão da história do cliente, seja este uma família, um casal ou um indivíduo.

Embalado pelo próprio trabalho —talvez devesse dizer, embalado pela inspiradora colaboração que em momento algum deixei de receber!— fui buscar na antropologia bases que dessem um sustento científico àquilo que poderia parecer um elemento utópico do nosso esforço terapêutico: a introdução e reforço da vinculação amorosa e dos mecanismos de aceitação democrática no seio das famílias.

Como não poderia deixar de ser, tratando-se de uma tentativa de construção de uma base teórica sólida para o trabalho do terapeuta narrativo, buscamos apoio nos autores que, de uma forma ou outra, têm desenvolvido e aprofundado um trabalho do gênero. Útil foi também o recurso aos pensadores da ciência que fornecem elementos de compreensão dos processos que intervêm e balizam a relação terapêutica, bem como daqueles que têm se preocupado com a questão especificamente narrativa.

Como não podia deixar de ser, no decorrer de todo o livro aparecem exemplos do meu trabalho clínico. Meu propósito tem sido o de deixar claro

---

[1] *Histórias, contadas com amor, para mudar e crescer, Narrativas terapêuticas I*, ArteSã, Belo Horizonte, 2000.

que a construção de contos, em particular, e de narrativas terapêuticas, em geral, é algo simples que não exige grandes habilidades especiais.

O livro é concluído com a história de uma família ("Romãozinho o menino que teria ter..."), que é um pouco das história do nosso processo de busca nesse terreno.

Se não fosse pela necessidade, urgente, de concluir o trabalho, este poderia prolongar-se... indefinidamente. E digo urgente porque este texto é uma promessa feita quando das primeiras apresentações das idéias nele contidas. Estou, pois, saldando uma dívida. Entrego, nas tuas mãos, o resultado desse maravilhoso confronto com os meus clientes, com os quais, buscamos os caminhos para a construção de histórias que representem uma reintrodução da poesia na vida de todos nós.

Não poderia deixar passar a oportunidade de agradecer aqui a inspiradora ajuda de Clio, Urânia, Talia, Melpomene, Calíope e Erato. Sem sua colaboração, definitivamente, este trabalho nunca haveria sido realizado. Euterpe, Polímnia e Terpsícore prometeram-me que visitariam a casa de todas as pessoas que lessem este livro.

Carlos Arturo Molina-Loza
Belo Horizonte, junho de 2000

PS. Pouco antes de sair de férias ruma a Itália —quando já havia dado por encerrado o processo de elaboração do trabalho— justamente durante a viagem, tive a ocasião de entrar em contato com toda una série de novos textos. Minha primeira reação foi... não as levar em consideração para o presente livro e utilizá-las no próximo trabalho. Ao final das contas o meu texto já estava pronto! A verdade é que não consegui resistir à tentação, dei uma desacelerada no processo e resolvi introduzir novas referências e novas citações. [Ver todos trabalhos de autores italianos, particularmente os de Boscolo e Bertrando, Cecchin e colaboradores. Entre os textos franceses encontram-se os de Edgar Morin sobre a complexidade, o livro organizado por Edith Tilmans-Ostyn y Muriel Meynkcens-Fourez e, finalmente, quase encima da hora, o livro de Guy Ausloos.]

Porque optei por essa solução? Porque apesar de não mudar em nada a orientação e o corpo do trabalho, essas referência permitem que se constate e fortaleça a idéia de que muitas vezes, apesar de não termos contato direto com a obra de outros autores, fazemos parte de uma "equipe internacional", que pensa e trabalha seguindo rumos paralelos.

Em um momento em que novos textos pedem-me para serem lidos decido: está na hora de parar, o livro deve nascer, está na hora, mas antes de concluir devo fazer um esclarecimento final.

Estava falando de profissionais e lembrei que Barbara TUCHMAN (19) reclama, com justa razão, que pareceria que psicólogos, e historiadores, compartilham a convicção de que, para se escrever, no campo das nossas respectivas disciplinas, bastaria que se tivesse uma brilhante idéia. Um pouco como se, achando que temos um público cativo que necessariamente deverá se interessar por aquilo que pensamos, disséssemos: "Eu escrevo de qualquer maneira, o problema de me ler é seu." Para Barbara quem resolve escrever, deve escrever bem, deve ser um escritor, de outra maneira... que não escreva.

Este livro foi escrito com muito carinho e nele, além de mostrar minas idéias como elas ficaram depois de todo o processo da escrita, pretendi mostrar o processo da sua construção, do seu crescimento (que acaba, também, sendo o meu). Pretendi escrever um livro ameno que, mesmo trazendo uma visão científica do tema, não deixa-se de ser ameno e de leitura agradável. Se não consegui o meu objetivo... este livro não merece ser lido, deve ser descartado.

Bem, não haverá mais demoras... agora vai. Boa leitura!

Carlos Arturo
Belo Horizonte, outubro de 2000

Prólogo

Fernando Gonzales Rey[2]

A tarefa de fazer um prólogo é sempre uma empreitada difícil, deve-se introduzir o leitor, de forma breve e sintética, em uma obra complexa, que contêm o melhor da história profissional, acadêmica e pessoal do autor até o momento de concluir seu trabalho. No entanto, se aceitarmos escrever um prólogo é porque, desde a primeira leitura do material, desde nossa perspectiva, encontramos mais contribuições enriquecedoras e valiosas, do que idéias das que não gostamos, ou que parecem contribuir pouco para um possível leitor. Este foi o caso com o livro de Carlos Arturo Molina-Loza, que nos apresenta uma leitura agradável, original e cheia de idéias criativas.

Uma das primeiras questões que nos fazemos quando vamos ler um livro é: a quem está destinado? O que acaba sendo essencial no momento em que se escreve um prólogo. Qual é o setor fundamental da população com quem vou dialogar desde meu prólogo? Esta resulta ser a primeira dificuldade da minha missão, porque o livro de Carlos Arturo —situado em um campo bem definido da ação profissional— é, simultaneamente, uma leitura atrativa e sugestiva para diferentes setores da população. Está escrito em uma linguagem acessível, amena e, às vezes, literária, sem deixar de manter a consistência nas idéias que nos propõe. Por exemplo, o livro é, sem lugar a dúvidas, importante para qualquer profissional das ciências antropo-sociais, mas também o seria para qualquer estudante universitário tanto da graduação, quanto da pós-graduação. Será também importante para o adolescente, para o casal etc., ou seja, para todas aquelas pessoas que gostem de refletir sobre suas vidas e sobre a própria existência humana.

É importante para um adolescente, insistamos, porque pode ajudar a situá-lo em uma dimensão da vida que, com certeza, ele ainda não elaborou, transmitindo-lhe um conjunto de valores e suscitando uma série de reflexões

---

[2] Fernando Gonzales Rey é doutor em psicologia pela Universidade de Moscou, Professor titular da Universidade da Havana e pesquisador associado da Universidade de Brasília (UNB).

abertas que, na minha opinião, são muito importantes para essa fase da vida. É também por este motivo, que a leitura e discussão do livro, ou partes dele, sugeriu-me uma investigação com adolescentes. Por outro lado, seria essencial para os estudantes universitários, pois transmite posições profissionais e científicas —importantes para os nossos jovens profissionais latino-americanos— tais como o valor da opinião própria, e a possibilidade de transitar entre autores consagrados, utilizando um pensamento próprio, aceitando reflexões, citando autores e, também, colocando-nos diante dos limites daqueles mesmos pensadores. Para mim, isto é essencial e possui um grande valor.

De forma complementar, Molina —um autor atrevido, irreverente, mas respeitoso e de profunda ética— presta homenagem ao seu mestre e, ao mesmo tempo, apresenta-nos um interessante autor pouco conhecido no meio acadêmico latino-americano: Georges Devereux, cujas interessantes citações vão enriquecendo nossa reflexão à medida que vamos lendo o texto. Em todos os exemplos que nos coloca, o autor se move com uma fina intuição, o que constitui uma outra virtude do presente material: a riqueza dos exemplos que acompanham todo o desenvolvimento da obra.

Molina nos mostra um trânsito culto por diferentes campos do saber social, passando da antropologia à literatura e à psicologia, de uma forma que, sem ser formal, tampouco é artificial nem pernóstica, mas sim o resultado da complexidade e dos inúmeros matizes do objeto que nos apresenta.

Lendo o livro, tenho a impressão que Molina desenvolveu muito daquilo que faz, a partir de uma epistemologia aprendida, nos seus anos de estudante, junto ao seu talentoso mestre. Mas estes fundamentos foram desenvolvidos em uma prática pessoal, que depende muito mais ao seu acervo e criatividade pessoais, do que das posições mais estabelecidas no seu campo de atuação. Isto é evidenciado em diferentes momentos da sua obra. Vejamos, por exemplo, sua elegante reflexão sobre o que é uma terapia narrativa, a qual é enriquecida através de um conjunto de autores que, no sentido mais restrito do termo, não são considerados terapeutas narrativos, mas, como ele próprio nos diz, ele, apesar de utilizar a narrativa como um meio terapêutico essencial, não é um terapeuta "apenas narrativo". Sua não filiação ortodoxa a esta linha de pensamento pode ser observada, também, pelo fato de não citar, entre os numerosos terapeutas narrativos mencionados, autores como Golishian, Anderson, Andersen e muitos outros. Isto permite-me reafirmar a impressão manifesta ao iniciar este parágrafo.

Creio que Molina se inclui dentro de uma visão do homem que não é exatamente aquela dominante no meio dos terapeutas narrativos construcionistas, entre os que se contam alguns dos maiores expoentes atuais da terapia narrativa. Molina nos apresenta um homem histórico, para o qual, como ele próprio nos diz: "...o passado, que vive no presente, através de inúmeras manifestações, pode servir de ponto de partida para a construção de um futuro diferente" (p. 60). O lugar que Molina confere ao passado, dificilmente seria aceito pelos autores construcionistas, para quem o passado forma parte de repertórios de linguagem, construídos dentro dos cenários atuais dos sujeitos em relação, não sendo constitutivos do sujeito, mas do cenário discursivo e simbólico no qual atua. O autor nos coloca estas perspectivas temporais, porém, no contexto de uma outra dimensão ontológica, o que fica ainda mais claro quando afirma: "Falemos, em primeira instância, do que já parece até lugar comum: quando conhecemos o passado, podemos melhor conhecer o presente. E, agreguemos, o conhecimento do presente da pessoa, permitir-nos-ia melhor investigar o seu passado" (p. 47)

Considero que a construção de narrativas é um processo essencial do sujeito que se desenvolve em todos os sistemas de relação e, mais ainda, creio que as narrativas são construções constitutivas do social e do individual, nas quais ambos os momentos do desenvolvimento humano se articulam e entram em contradição. Sem embargo, as narrativas exercem seu poder na mudança, não apenas através dos seus conteúdos, mas pela forma em que nela se constituem complexos processos emocionais, aquilo que nos meus trabalhos tenho chamado de ***sentidos subjetivos*** e que, dentro do referencial psicanalítico crítico (Castoriadis, Elliot etc.), identificam-se como processo do imaginário, conceito que é utilizado em um sentido teórico diametralmente oposto ao que lhe é dado por Lacan.

Creio que Molina se refere, de forma explícita, à questão da emoção, mas fiquei com desejo de ler suas reflexões sobre a relação entre o narrado e o desenvolvimento das emoções no sujeito da narração. Isto, que está longe de ser uma questão resolvida dentro das ciências humanas, representa um problema que além de ser cada vez mais discutido, tem por trás uma complexa história que, na minha opinião, surge com o predomínio do simbólico sobre o imaginário proposto por Lacan. Isto, que aparecerá com particular força em alguns dos discursos dominantes dentro daquilo que tem se chamado de pós-modernidade, trouxe como conseqüência o deslocamento gradual do subjetivo pelo simbólico.

Nesse contexto, eu creio que as narrativas constituem o sujeito, mas não o reduzem, pois elas têm na base os complexos processos de subjetivação desse mesmo sujeito. E nestes processos estão incluídas as necessidades e configurações emocionais que, de forma simultânea, estão constituídas por e são constituintes das narrativas, razão pela qual o sujeito não se esgota nessas mesmas narrativas. O que, porém, acaba sendo indiscutível, é que quando a construção de narrativas se combina com a maestria de Molina para conduzir os processos de comunicação terapêutica, ela é uma poderosa ferramenta terapêutica. As narrativas não são construções orientadas por regras, são construções produzidas por um sujeito, dentro de um campo de comunicação que tem um sentido para ele.

No decorrer da leitura revela-se a consistência do pensamento do autor que percorre o trabalho do início ao fim. Os exemplos estão bem utilizados. As citações são, igualmente, muito boas, o que também constitui uma expressão do seu pensamento. Mas em nenhum momento Molina recusa o desafio de colocar-se, a partir das suas próprias idéias, o que, na minha opinião, é uma das maiores virtudes de uma produção intelectual.

Creio que estamos diante de uma obra geradora de idéias, cheia de exemplos e reflexões, e que, sem dúvida, representa uma importante contribuição para as ciências sociais em geral. Por este motivo, agradeço ao autor o convite para a elaboração deste prólogo do que, acredito, será o início de uma reflexão que acompanharemos a cada novo encontro.

Os olhares da antropologia

Jorge Estuardo Molina Loza*

Minha formação acadêmica permite-me conhecer algumas das diversas utilidades que pode ter a antropologia. Existe, como se sabe, um lado muito obscuro desta utilização. Os países colonialistas e imperialistas sempre souberam quais eram as vantagens que eles poderiam tirar do conhecimento — adquirido através da lente da nossa disciplina— das ditas sociedades "primitivas". Bastará que citemos dois dos exemplos mais conhecidos. O primeiro, é a tristemente célebre *indirect rule*[1] dos britânicos, elaborada e criada graças aos informes de pessoas como Malinowsky. O segundo, é o trabalho que, sobre o Japão, preparara Ruth Benedict para os Norte-americanos. De todos é conhecido o valor que têm os informes etnográficos tanto para o Departamento de Estado quanto para a Agência Central de Inteligência dos Estados Unidos de América.

Afortunadamente, nos países do terceiro mundo viramos a mesa. Depois de conhecermos a antropologia, a transformamos em algo próprio e utilizamos seu instrumental para fins mais nobres. Os estudos dos antropólogos latino-americanos têm servido para propiciar um melhor conhecimento de nós mesmos e, como conseqüência, para que tentemos transformar nossas sociedades, tornando-as menos discriminatórias, menos excludentes e mais justas.

Até aqui, tenho feito referência ao âmbito estritamente social. Mas é justamente neste ponto que a colocação de Carlos Arturo surge como algo novo e útil: a utilização dos dados proporcionados pela antropologia para a compreensão e elucidação das histórias pessoais. Como saber se determi-

---

* Jorge Estuardo Molina Loza é antropólogo do *Proyecto de identidad y relaciones interétnicas* del *Centro de Investigaciones Regionales de Mesoamérica*, Guatemala.

[1] Assim era chamada a forma indireta de impor o domínio, através das diversas instituições e chefes das próprias comunidades submetidas, tirando, desta maneira, o maior proveito delas "pacificamente".

nado comportamento ou instituição é ou não "inerente à natureza humana"? Ele procura as respostas na antropologia. Com sua ajuda conclui, por exemplo, que a opressão hierárquica no interior de uma família é um produto cultural construído ao longo dos séculos e não um estado produto da evolução natural do ser humano. Na minha opinião, esta ótica abre um porta muito ampla que nos permitirá saber, no caso da família, o que é culturalmente aprendido e, por conseguinte, sujeito a mudanças. Mudanças estas que nos permitirão ter uma melhor convivência com as pessoas que nos rodeiam.

Não posso deixar de frisar, para concluir, que não faltarão pensadores que discordem desta colocação. São bem conhecidas as idéias de Desmond Morris, expostas no seu famoso livro *O macaco nu*. Seu posicionamento é diametralmente oposto ao de Carlos Arturo. Mas... assim é a ciência, assim ela tem sido construída. A discussão está aberta e é através dela que a ciência tem avançado.

Eu não sabia... mas Clio me contou

"Lo importante, se quiere enfatizar aqui, no es el origen sino el final.
La historia es el único ámbito de lo real donde el presente actúa sobre el pasado,
la casualidad se mueve hacia atrás, puede dirigirse del hoy al ayer,
del fin hacia todo el proceso y al comienzo.
Cóma sea el desenlace, com sea el final, así va a ser todo lo anterior.
El final de um proceso revolucionario, el final de un amor, por ejemplo.
Cómo terminan, si en fracaso o en triunfo, de manaera grostesca o heroica,
así va a interpretarse todo el curso de la vida del proceso.
El final de un amor revelará el seginficado de la relación amorosa,
no sólo porque emergen cosas que existían de una manera latente,
sino porque el final va a crear o recrear a relación en su conjunto."

Naufragio de las palabras
Edmundo Urrutia

Uns dias atrás recebi um belo convite. Queriam que me encontrasse com um grupo de pessoas boas, desejosas de que lhes falasse sobre histórias terapêuticas[3]. Minha primeira idéia foi: "vou levar-lhes umas das minhas histórias"... porque sabem, aqui entre nós, algumas delas são muito belas. Acontece que eu não queria, simplesmente, encantá-las com os meus relatos. Seria muito triste se saíssem pensando: "Foi realmente belo! Mas como deve ser difícil construir relatos como os dele!" Qual era a minha pretensão? Queria contribuir para que as pessoas percebessem que para

[3] Este texto, bem como parte da reflexão sobre a História, foi apresentado no III Congresso Brasileiro de terapia familiar, realizado em julho de 1998.

construir e contar histórias terapêuticas não se precisa de nenhum dom sobrenatural, de nenhum grande talento especial. Eu, como vocês sabem, tenho uma preguiça infinita dessa gente que sempre está tentando provar que aquilo que faz é algo que, de tão complexo, só pode ser feito por alguns poucos e privilegiados eleitos. O que nós fazemos é tão simples!, não existe nenhum motivo válido para torná-lo escuro.

Meu propósito estava muito claro, não conseguia, porém, imaginar como encontrar a maneira correta de pô-lo em prática. O que fazer? Perguntava-me. Onde procurar? Sem perceber, fui descendo lentamente os degraus pouco iluminados que conduzem aos porões da minha alma. Precisava encontrar(-me). É neles que procuro sempre que preciso. Sentei-me no meu canto favorito e deixe-me levar pelas minhas fantasias. Absorto fiquei, e assim permaneci, esquecido do tempo e do espaço. Se cheguei a adormecer... não saberia dizer, o que sei, e disso posso falar-lhes, é da estranha sensação que, paulatinamente, foi tomando conta de mim. Sentia-me observado. Mas, se eu sabia que estava só, quem poderia estar- me observando? Quem ousaria chegar até aquelas profundezas? Essas e outras perguntas dançavam na minha mente quando, suavemente, surgiu diante de mim uma belíssima mulher. A imponência da sua beleza contrastava com delicadeza dos seus gestos e a leveza do seu andar. Aproximando-se cada vez mais de mim —e sem disfarçar um sorriso maroto— disse: "Fica tranqüilo, fecha essa boca..." Claro, naquele momento eu devia ter una cara de bobo impossível! Mas não deixava de ser um desaforo da sua parte, onde já se viu?, como se aparecer diante das pessoas, sem avisar, fosse a coisa mais normal do mundo!

Felizmente, para mim, poucos segundos depois, a bela desconhecida resolveu apresentar-se: "Não te espantes, sou Clio", disse. "Eu gosto das pessoas que gostam de História, de histórias. Tu me chamaste e não costumo recusar um chamado que, como o teu, é feito com o coração. Vou te contar uma história, se gostares, quem sabe, pode ser que te ajude na tua empreitada." Dito isto, sentou-se graciosamente do meu lado e, com uma voz melodiosa, embalou-me com a sua história.

O homem bom que mudava as histórias

Era uma vez, em um reino muito distante, um homem bom que gostava de ouvir as pessoas. A cada manhã era visto cumprindo o mesmo ritual: saía da sua casa e, com um passo lento e cadenciado, dirigia-se ao seu ateliê. Seu querido ateliê. Nele, pacientemente, aguardaria pelas pessoas que, sabia, iriam procurá-lo. Sim, porque todos os dias apareciam pessoas que desejavam contar-lhe algo da sua história. Elas traziam suas histórias e estas eram de todos os tipos, mas quase todas eram tristes, muito tristes. O nosso homem abria seu coração e ouvia. E quanto mais as ouvia, maior era sua sensação de que, depois de conversarem com ele, essas pessoas saíam sentindo-se mais leves, mais esperançosas, mais determinadas ou simplesmente diferentes. Parecia-lhe extraordinário, mas tinha a forte sensação de que o fato de tê-las ouvido, de alguma maneira poderia ter contribuído para o surgimento desse novo bem-estar. A simples existência dessa possibilidade sempre o fascinara, levando-o a formular toda uma série de perguntas, das quais a mais importante era: 'Será possível que a escuta de uma pessoa consegue provocar tão magnífico resultado?'

Em vez de precipitar-se na tentativa de encontrar uma resposta imediata, agiu como soía fazê-lo, deixando que a pergunta passeasse pelos cantos mais recônditos da sua alma. Sabia que a resposta viria, poderia tardar, mas viria.

Muito tempo transcorreu sem que o homem conseguisse descobrir nada de novo. Um belo dia, porém, enquanto escutava atentamente o relato de uma pessoa, percebeu que, à medida que a história se desenrolava, ele a acolhia e a segurava —a história— com muito cuidado e carinho e, a seguir, colocava-a em um lugar especial do seu coração. Só depois de a ter guardado dessa maneira por algum tempo, é que, com mais cuidado ainda, devolvia-a para o seu proprietário.

Nesse momento —ao perceber qual era sua atitude com o relato que lhe era entregue— foi percorrido por uma emoção muito forte e teve de fazer um esforço supremo para se conter e não sair gritando e dando pulos de felicidade. 'Como tenho podido ser tão tolo durante todo este tempo e não perceber isso antes!?', disse para os seus botões.

Mais tarde, quando a última pessoa com quem conversara tinha ido embora e tudo era paz no seu ateliê, resolveu que não iria para casa, ficaria descansando aí mesmo. Queria saborear sua descoberta. 'É isso —repetia— acolher os relatos com sumo cuidado e, depois de tê-los transformado um pouquinho, devolvê-los ao seu proprietário... É assim que eu ajudo as pessoas!' Satisfeito com a sua decisão e embalado por essas idéias, permitiu que os seus olhos se fechassem e, em apenas alguns minutos, estava adormecendo.

Pouco tempo depois, sem saber muito bem como, percebeu que havia abandonado sua poltrona e viu-se caminhando por uma trilha que atravessava a floresta. A fadiga acumulada durante o dia não parecia constituir um empecilho, ele parecia movido por uma energia especial que o fazia andar com determinação. Decidido a permitir que suas pernas o conduzissem, deixou-se levar até uma grande clareira, na qual havia um gigantesco galpão.

À medida que se aproximava da construção, sua curiosidade ia se tornando cada vez maior. Quando finalmente chegou perto da porta, foi invadido por uma sensação ambígua e estranha: se por um lado o lugar lhe parecia completamente desconhecido, como explicar essa sensação de familiaridade? Sem saber o que fazer, mais uma vez confiando nos seus pés deixou que eles o guiassem para dentro da galpão. Seu assombro, bem como sua inexplicável sensação de familiaridade, aumentaram mais ainda quando deu os primeiros passos dentro do imenso imóvel. Seus olhos não queriam dar crédito ao que estavam vendo. Havia uma imensa sala coberta de enormes estantes, cada uma mais atulhada que a outra. 'Será possível?! Posso acreditar nos meus olhos?', dizia, e enquanto assim falava, continuou avançando até chegar bem perto de uma das estantes e certificar-se de que não estava tendo uma alucinação: estava atulhada de histórias. Histórias tristes, doloridas, de perda, de desencontro, de muita dor, de desespero, em suma, todo tipo de histórias... exatamente como aquelas que ele ouvia todos os dias.

No fundo da sala um grupo de artesãos desenvolvia uma atividade muito intensa. Todos pareciam muito concentrados e dedicados àquilo que faziam. 'Que podem estar fazendo? Será possível que...' —perguntou-se. Mais uma vez sua curiosidade o fez avançar, era preciso que descobrisse o que eles estavam fazendo: 'Mexendo com as histórias!?' Exatamente. Dezenas de artesãos dedicavam-se a revisá-las, uma a uma, procurando descobrir a causa pela qual haviam sido entregues. Quando um deles descobria o motivo, sem ocultar sua alegria, punha mãos à obra e, pacientemente, dedicava-se ao trabalho de conserto. A história ia sendo remexida, de diversas maneiras, até que o suspiro de satisfação do artesão avisasse que o serviço estava completo: a história poderia ser devolvida ao seu proprietário, havia sido modificada, consertada.

Nessas estava, quando percebeu a presença de um dos trabalhadores do lugar que, para seu espanto, tratava-o como a um velho conhecido.

—Que coisa! Finalmente te dignas fazer-nos uma visita. Houve, inclusive quem pensasse que nunca darias o ar da tua graça!

Surpreso e desconcertado pela acolhida, o homem balbuciou:

—Desculpe-me, mas não sei como poderiam me esperar, se eu nem sabia que este lugar existia. Não conheço ninguém por aqui, cheguei por puro acaso.

—Que tolo que és —disse o seu improvisado anfitrião— *pois nós não apenas te conhecemos, como há muito acompanhamos o teu trabalho. Tu és um dos nossos. Tu por acaso não és um consertador de histórias?*

—Como assim... consertador?

—Tu vives ouvindo as histórias das pessoas, as acolhes, as guardas em um lugar especial do teu coração e, a seguir, as devolves, não é assim? É isso mesmo que nós fazemos aqui, pegamos as histórias tristes das pessoas para agregar-lhes uma coisinha aqui, tirar-lhes uma coisinha acolá. Depois de ter mexido nelas, as devolvemos. Nem sempre as pessoas percebem as mudanças que introduzimos, mas ficam satisfeitas. Se elas te procuram é justamente porque sabem que tu as ajudas a mudar suas histórias.

—É isso! —exclamou. *O senhor acaba de dar-me a chave do enigma. É por isso que as pessoas saem tão satisfeitas e sempre voltam para me contar uma nova parte da sua história! Entregam-na e esperam que eu a devolva com alguma modificação...*

—Sim, e quando saem do teu ateliê, brincam com essa 'nova' história, usam-na e descobrem as suas novas possibilidades. Não sabias que era assim que funcionava?, —disse rindo. *Vem cá, já que pareces tão satisfeito com essa 'descoberta' vou contar-te outro segredo. Muitas vezes, quando acolhes a história de uma pessoa, mas tens a impressão de não seres capaz*

de acrescentar nada e que, constrito, a vês sair do teu ateliê 'de mãos vazias', dizes para ela: 'Não tenho nada para acrescentar por hoje, mas prometo que da próxima vez, se tiver algo, lhe conto.' A pessoa sai, mas tu guardas a história no teu coração. Sabes o que nós fazemos nesses casos? Vamos até teu ateliê, e como sabemos onde é que guardas os relatos que te fazem, o pegamos e, aqui, damos um jeito, uma mexidinha aqui, uma outra lá. Assim, quando a pessoa volta, podes recebê-la com um sorriso, dizendo: 'Nem sabem o que me aconteceu, lembrando-me da nossa conversa percebi que...' e aí conta-lhes a história com as modificações necessárias.

O homem não cabia em si de satisfação e sentia um desejo muito grande de voltar para seu ateliê e esperar pelas pessoas que, no dia seguinte, viriam procurá-lo.

Antes de despedir-se quis colocar uma última questão:

—Sabe, tenho muita curiosidade e gostaria de lhe fazer uma pergunta.

—Podes perguntar à vontade, se eu tiver uma resposta, com muito prazer a compartilharei contigo.

—Bem, o trabalho que se realiza aqui é maravilhoso, deve ser muito complexo. Como se organiza? Quem toma as decisões a respeito de como são realizadas as tarefas? O senhor é o responsável por tudo isso?

—Cruz credo! Não. Os consertadores de histórias não podemos ter um responsável geral. Imagina como seria triste se cada artesão tivesse que consertar as histórias que lhe chegam, obedecendo a um padrão estabelecido por um responsável! Isso seria o início de uma história por demais triste, e dificilmente encontraríamos um consertador que desse jeito nela. Os consertadores de histórias gostamos muito de conhecer o trabalhos dos nossos confrades, e sempre que podemos, estamos bisbilhotando para sabermos o que e como os outros estão fazendo. Também adoramos contar o que nós próprios fazemos.

—Ninguém tem poder para dizer se o trabalho deve ser realizado de uma ou de outra forma?

—Claro que não, Isso tolheria nossa liberdade e nossa criatividade. Como te digo, no momento em que aceitássemos um responsável que tivesse o poder de determinar o que é certo e o que é errado, deixaríamos de viver uma história de liberdade para passar a viver uma história de submissão.

Feliz com o que havia ouvido, o homem agradeceu muito a seu anfitrião pela conversa e saiu em disparada de volta. A viagem pela incrível história que vivia o distraiu a tal ponto que não percebeu em que momento chegou a seu ateliê. O cansaço não permitiu que fizesse mais nada, a não ser cair no seu sofá e dormir profundamente.

Conta a lenda que a partir daquele dia o homem bom, que gostava de ouvir as pessoas, fez melhor seu trabalho. Ouvia as histórias, guardava-as com muito carinho em um canto especial do seu coração e, no momento oportuno, depois de ter agregado um elemento aqui, tirado um outro lá, devolvia-as às pessoas. Quando não sabia o que fazer... abria seu coração e, tranqüilamente, esperava que chegasse a noite. Sabia que, no momento oportuno, os artesãos da história viriam ajudá-lo no seu maravilhoso trabalho.

O povo se referia a ele como *"o homem bom que ouvia e mudava as histórias tristes das pessoas.*" Quem o conheceu afirma que sempre foi um homem simples e feliz que gostava de compartilhar suas histórias."

Eis a história que Clio me contou. E por falar em Clio, preciso contar-lhes que, naquele dia, quando quis procurá-la para lhe agradecer pelo relato... ela havia desaparecido. Felizmente havia deixado comigo, além da imagem pura e inspiradora da sua beleza, a promessa de que sempre que precisasse da sua ajuda, ela, Clio, a musa da História, acudiria ao meu chamado. Bastaria, para ter sua inspiradora ajuda, que eu pensasse nela, que, com o pensamento, a invocasse, e ela, segundo suas próprias palavras, acudiria prontamente ao chamado.

Aqui entre nós, eu acho que ela ajuda a todos aqueles que, precisando da sua inspiração, sabem chamá-la.

Capítulo I

Um contador de histórias...

Era uma vez, um terapeuta familiar, que descobriu que grande parte da sua atividade profissional consistia em escutar atentamente os relatos dos seus clientes e, a seguir, devolver-lhes esses mesmos relatos... um pouco modificados. O nosso terapeuta ficou muito feliz com a descoberta e disse para os seus botões: "Sou um contador de histórias". Imaginam coisa mais bela que ser um verdadeiro contador de histórias!? Difícil... E, ele, percebeu que, no seu trabalho, estava sempre fazendo isso. Algumas vezes suas histórias eram longas e complexas. Outras, elas não passavam de mini-histórias feitas de poucas palavras e sem grande elaboração. O nosso terapeuta, como dizíamos, estava muito feliz. Mas nem sempre as coisas haviam sido assim.

...mas sem carteirinha

Na mesma época em que descobriu que era um contador de histórias, fez outra descoberta, no mínimo interessante: existia uma grande confraria constituída por alguns dos seus mais célebres colegas, a confraria dos "terapeutas narrativos". Era esse o nome que recebiam os contadores de histórias terapêuticas. "Deve ser interessante pertencer ao grupo", pensou. Mas, antes de ingressar, soube que, para ser aceito como membro era preciso que se comprometesse a não pertencer a nenhuma outra confraria. Levou o maior susto e desistiu. Por mais maravilhoso que fosse ser aceito no grupo pelos "narrativos", seria muito triste ter que abdicar da sua amizade e apreço pelos seus amigos dos outros grupos. Ah!, sim, porque havia vários desses grupos. Sua "fidelidade" aos narrativos, poderia significar seu afastamento dos "estratégicos", os "estruturais" os "experienciais", os "romanos" os "milaneses", em fim, todos aqueles que tão bem o haviam acolhido e com os quais tanto havia aprendido? Nesse caso, nem pensar! Como se resignar a perder sua autonomia e seu direito de utilizar todos os recursos? "Não", disse enfaticamente, "prefiro fazer parte do 'grupo' dos miscelânicos".

Um terapeuta miscelânico

Quem são esses? Ah!, os miscelânicos não constituem um grupo homogêneo, nunca tentam saber se os outros estão aplicando corretamente as normas desta ou daquela abordagem. Devem ser muito desorganizados!? Para dizer a verdade... nem sequer se organizam. Eles experimentam um imenso prazer quando se encontram e se reconhecem, e gostam de ouvir as histórias de cada um, mas não passam disso. Recusam-se a criar sua grande confraria. Os miscelânicos podem ser reconhecidos porque, sempre que descobrem uma novidade, experimentam um forte comichão, um grande desejo de compartilhar com seus colegas, de qualquer confraria, suas idéias e propostas.

Uma triste epidemia de histórias tristes?

O terapeuta da nossa história passava boa parte do seu tempo no seu ateliê, acolhendo os seus clientes. Todos os dias recebia uma enorme fila de pessoas. Era curioso como, apesar das pessoas serem tão, mas tão diferentes, parecia que se haviam posto de acordo. Era só entrar no ateliê do terapeuta e iam desdobrando suas histórias de dor e de tristeza. "Será que há uma epidemia?", pensava. "Será que agora as histórias das pessoas vêm com defeito e todas resolveram consertá-las ao mesmo tempo?"

Todo mundo parecia ter a mesma queixa: "Nós não estamos gostando da nossa história, queremos que o senhor nos ajude a transformá-la." Dir-se-ia que essas pessoas só estavam sendo capazes de produzir histórias tristes. No final das contas, podia chegar-se à conclusão de que não apenas contavam histórias tristes, mas que elas próprias eram pessoas tristes. "Será que o errado não são as histórias, mas as próprias pessoas?" Perguntava-se. Porque era isso justamente o que propunha o grupo dos psicopatólogos. "Se as pessoas têm histórias de dor e frustração... é justamente porque elas têm uma patologia. Para curarmos suas histórias... temos primeiro que curar sua patologia. Uma pessoa doente produz histórias de doença."

O nosso terapeuta não podia concordar com isso, melhor dizendo, nunca gostaria de concordar com tamanha barbaridade. Quanto mais se dedicava a ouvir as pessoas, mais se convencia de que havia algo de profundamente errado com essa história.

Mas as pressões eram muito grandes. Talvez os outros tivessem razão e não fosse certo isso de ficar sentado ouvindo as histórias das pessoas como se elas não fossem doentes. Sua alma enchia-se de grandes dúvidas mas, como uma das suas principais qualidades era a persistência... persistiu e, com o passar do tempo...

Ouvir o que se quer...

...com o passar do tempo foi-se dando conta de que as histórias que ouvia eram um pouco diferentes, que já não estavam tão carregadas de aspectos negativos e de problemas. Os relatos falavam de altos e baixos, era verdade. Momentos bons alternavam com momentos ruins, era preciso reconhecê-lo. Acontecia que, como ele era conhecido por seu interesse pelas pessoas que estavam sofrendo, e pelas suas histórias, sempre era procurado justamente por pessoas que estavam tendo problemas com suas histórias e que... [não contem para ninguém, porque este é ponto mais importante, a chave do todo seu sucesso!], e que, dizia, estavam dispostas a mudá-la. Estas pessoas queriam porque queriam transformar suas histórias. O que é que estava acontecendo? A primeira reação do nosso terapeuta foi muito engraçada, "eu devo ter muita sorte", afirmou, "as pessoas que me procuram são diferentes, já vêm decididas a mudar". Rapidamente apercebeu-se que essa resposta era insuficiente. Vinham decididas a mudar, sim, mas por quê?

Depois de muito refletir descobriu que o motivo da diferença era outro. Ele gostava de ouvir as histórias das pessoas e não apenas as suas histórias tristes. Por isso era que as histórias que ele ouvia eram bastante diferentes das ouvidas pelos seus colegas! "Isso é interessante, creio que estou no bom caminho", falou para os seus botões, "mas será preciso investigar ainda mais".

A atenção dedicada a esse assunto rapidamente rendeu frutos. Neste ponto fez duas constatações. A primeira era que ele escutava o que decidia escutar, isto é, que fazia uma seleção daquilo que lhe era contado. Ao fazer seus comentários sobre o "ouvido", via e ouvia a satisfação das pessoas. Elas gostavam de contar-lhe suas histórias para ouvi-las, de volta, modificadas. A segunda constatação, foi sua percepção de que muitos dos seus confrades achavam que o importante era respeitar o relato das pessoas, ouvi-lo o mais *objetivamente* possível para, assim, determinar o que fazia com que suas histórias estivessem criando problemas.

Nessas estava, quando percebeu que não estava só... uma bela moça, que o observava em silêncio, parecia divertir-se com os seus devaneios. Pelo menos era isso que mostrava o belo sorriso que iluminava seus lábios.

Uma visita inesperada: Urânia entra em cena

—Podes continuar, não te preocupes comigo, disse a recém-chegada, ao tempo que se sentava perto dele.

—Mas...

—Ah!, não me conheces? Exclamou, rindo ainda mais. Sou Urânia. Antigamente era a musa dos astrônomos. Como os tempos mudaram, dedico-me hoje a inspirar os cientistas e pesquisadores. Vendo-te tão atarefado, supus que precisarias de ajuda.

—Ajuda! Da senhora... Quem me dera!

—Se assim o desejas, podemos começar imediatamente.

—Claro que desejo, só que não sei muito bem por onde começar.

—Não te preocupes. Eu estava acompanhando o teu raciocínio. Estavas indo muito bem, ias enveredar pelo derroteiro da história, das histórias. Só que eu acho que, primeiro, deverias falar um pouco das bases científicas nas quais se assentam tuas idéias...

—Explicar um pouco os fundamentos teóricos da minha posição?... Perfeito, nesse caso tenho que começar abordando, e se possível resolvendo, uma grande dúvida sobre a questão da realidade.

—Poderias formulá-la?

—Bem, minha preocupação é a seguinte: A realidade, enquanto existência independente de um observador, está sendo questionada. E se não existir algo que possa ser atingido "objetivamente" —isto é, ***a realidade***— como poderemos falar em fatos, ou seja, em algo que "verdadeiramente" aconteceu?

—Bem, vejamos pois, em primeiro lugar, o que a ciência nos diz a esse respeito.

—A Ciência? A senhora fala a Ciência! Eu pretendo apenas fazer um rápido apanhado das opiniões de alguns dos mestres que têm influenciado minha maneira de ver as coisas.

—Mas é isso, podes fazer teu rápido apanhado...

—Então... vamos lá. Antes de entrar em contato com as idéias de Humberto Maturana, e particularmente com sua proposta de colocar a "objetividade entre parênteses", eu fui influenciado pelas propostas de Georges Devereux. Para ele, as tentativas de ser científico, negando a subjetividade, não passam de meros subterfúgios utilizados pelo pesquisador para se defender contra a angústia que lhe provoca sua relação com o seu objeto de estudo. Sem subjetividade não seria possível haver pesquisa científica. Vejamos quais são —segundo Devereux— os diversos momentos em que a subjetividade do pesquisador, do cientista, intervêm: Em primeiro lugar, deve fazer uma escolha ***pessoal***: um objeto de estudo. Imediatamente após entrar em contato com seu objeto de estudo deverá dizer "***Eu*** percebo que". A seguir, uma vez que tiver claro qual é a sua percepção, deverá afirmar: "isto [***para mim***]significa que". Estas duas afirmações são ambas também ***decisões*** pessoais. A segunda decisão —"isto quer dizer que"— é tomada pelo pesquisador em função da sua própria subjetividade e em resposta às angústias que o assaltam quando não utiliza nenhuma proteção" (DEVEREUX, G., 1980, pp. 17-18).[1]

Além de sublinhar o caráter subjetivo da pesquisa, Devereux afirma que "o pesquisador deve deixar de valorizar exclusivamente sua manipulação do sujeito para —sobretudo— procurar compreender-se a si mesmo enquanto pesquisador", porque "não é o estudo do sujeito, mas o estudo do observador que nos dá acesso à essência da situação de observação" (DEVEREUX, G., 1980, pp. 18-19).

—De que maneira essas idéias influenciam o trabalho de um terapeuta narrativo?

—Responderei, mas antes devo lembrar-lhe que sou um terapeuta "também" narrativo e não apenas narrativo... Influencia, e de forma determinante, porque enfatiza o papel da construção cooperativa, ou (co)^{n}strução como eu gosto de chamá-la (MOLINA-LOZA, C.A., 1994). Cliente e terapeuta vão, cooperar na construção de uma nova história que promoverá as mudanças necessárias para a saúde e o crescimento. Mas, voltando à proposta de Devereux digamos que para agir cientificamente devemos:

---

[1] Todas as traduções de citações em língua estrangeira que aparecem neste livro foram feitas por mim.

aceitar a exploração da subjetividade do observador, aceitar o fato de que sua presença influencia o curso do acontecimento observado tão radicalmente quanto a "observação" influencia ("perturba") o comportamento de um elétron. O analista do comportamento deve aprender a admitir que ele **nunca** *observa o comportamento que "teria lugar na sua ausência" e que ele não ouve o mesmo relato que um mesmo narrador teria feito a uma outra pessoa que não fosse ele. Afortunadamente, aquilo que se chama de "perturbações" devidas à existência e às atividades do observador, quando são corretamente exploradas, constituem as pedras angulares de uma ciência do comportamento autenticamente científica e não —como se acredita comumente— de um desagradável* **contratempo**, *contra o qual só se teria uma opção: escamoteá-lo.* (DEVEREUX, G., 1980, pp. 30).[1]

—Quer dizer que o pesquisador, no teu caso o terapeuta, faz parte da observação...

—Sim, e por isso, sua subjetividade é fundamental no processo. Mas ainda tem mais:

Não basta que o observador seja consciente do seu próprio valor de estímulo, nem que leve isso em consideração na apreciação dos seus dados fornecidos pela observação. É preciso que ele seja capaz de ***agir livremente em função da compreensão que tem*** *deste valor específico, na própria situação em que desempenha o papel de observador, de experimentador, de pesquisador ou de terapeuta.* (*Op. cit.* p. 57.)

E para concluir, ele agrega:

A vantagem principal do nosso sistema consiste na reintrodução, na situação experimental, do observador tal qual ele é, não enquanto fonte de incômodas perturbações, mas como fonte importante, indispensável até, de novos dados comportamentais pertinentes. Isso permitir-nos-á a exploração dos efeitos sui generis *da observação sobre o observador e o observado ao mesmo tempo, efeitos considerados aqui como dados chaves.* (*Op. cit.* p. 60)

—Percebe? É a subjetividade do terapeuta colocada no papel protagônico, enquanto eixo da intervenção.

[1] Salvo indicação contrária, todos os grifos nos textos citados são meus.

—Isso tem alguma relação com a "objetividade entre parênteses" de Maturana à qual já fazias referência?

—Sim, e a senhora vai ver que ambas as propostas se complementam. Maturana parte da biologia e da incapacidade em que se encontraria o ser vivo de diferenciar "na experiência, entre percepção e ilusão" (MATURANA, H., 1997, p. 22.)

> *Um observador não tem base operacional para fazer qualquer declaração ou afirmação acerca de objetos, entidades ou relações, como se eles existissem independentemente daquilo que ele ou ela faz. E ainda, uma comunidade de observadores que não pode distinguir, na experiência, entre percepção e ilusão, não está, neste aspecto, em uma posição melhor. Sua concordância não confere validade operacional a uma distinção que nenhum deles possa fazer individualmente.* (*Op. cit.* p. 23).

—Isso não acaba sendo quase um questionamento da existência de uma realidade exterior ao observador...?

—Quase não!, completa. Mas, como a senhora falou, questionamento da existência ***de uma*** realidade exterior. Porque, aproveitemos para frisar, não se trata, pelo menos segundo Maturana, de uma negação da ***existência*** da realidade. Trata-se da sua *relativização:*

> *A realidade é sempre um argumento explicativo. E aqui há tantas realidades quanto domínios explicativos; todas legítimas, não distintas formas de uma mesma realidade, não distintas visões da mesma realidade. Não! Tantas realidades, todas igualmente legítimas, distintas, mas igualmente legítimas enquanto domínios de coerências operacionais explicativas suscite; como modos de reformular a experiência; domínios cognoscitivos.* (MATURANA, H., 1990, p. 27.)

—O mesmo tipo de idéia encontramos em Edgar Morin quando se trata de questionar a possibilidade de ter uma visão "objetiva" da realidade:

> *Há, entre o cérebro humano e seu ambiente, uma incerteza fundamental que não pode ser preenchida: a biologia do conhecimento mostra-nos, com efeito, que no cérebro humano não existe nenhum dispositivo que permita distinguir a percepção da alucinação, o real do imaginário. Também há incerteza sobre o caráter do conhecimento do mundo exterior, dado que este está inscrito em uma série de "paterns" de comunicação, entre os que se encontram os mais fundamentais, que são inatos. Do*

lado da sociologia do conhecimento, chegamos igualmente a uma incerteza irredutível: a sociologia do conhecimento permitir-nos-á relativizar nossos conceitos, situar-nos no jogo das forças sociais, mas não nos dirá nada de certo sobre a validez da nossa teoria. (MORIN, 1996, pp. 62-3.)

—Esta seria, pois, tua opção no que diz respeito ao sujeito que observa e age no contexto da "realidade"... E o que opinam os outros terapeutas de família?

—A resposta exaustiva a essa questão levar-nos-ia muito longe, mas a verdade é que, a reserva de voltar a esse assunto, será preciso tecer aqui alguns comentários.

Se aquilo que sabemos, e aquilo no qual acreditamos, está longe de ser uma verdade, isto é, passa a ser uma versão, uma construção, devemos ser irreverentes:

A irreverência permite que nos movamos com uma liberdade de jogo sem sujeitarmo-nos a sistemas de significados empobrecidos e restritivos. Jogo não significa ausência de regras, mas consciência de que as regras são relativas, convencionais e provisórias: muda o jogo, mudam as regras. Basta mudar a perspectiva para que uma situação séria se torne absurda, uma trágica, cômica, ou vice versa.

No pequeno mundo da terapia nossa tarefa consiste em por em crise aqueles aspectos da realidade dos pacientes que os impedem de mudar. O terapeuta irreverente não aceita as contraposições rígidas e não se considera vinculado nem a posições passivas do tipo "nunca devo intervir nem expressar opiniões sobre o que fazer ou como mudar", nem a posições estratégicas como "devo, a qualquer preço, elaborar um plano de ação". O terapeuta pode colocar uma idéia, mas sem acreditar nem pretender que os outros devem segui-la. (CECHIN, LANE, RAY, 1993, p.23.)

—É a isso que te referes quando falas de terapêutica miscelânico?

—Exatamente! Liberdade, criatividade. E não resisto a utilizar a sentença de MORIN (1996, p. 70): ***A perspectiva aqui é transdisciplinária. Transdisciplinária significa hoje indisciplinária.***

Percebe? Assumimos, em primeiro lugar, que não possuímos um acesso privilegiado a uma verdade absoluta. Segundo, que como pensadores, pesquisadores ou terapeutas, não devemos desaparecer esmagados pela velha e esmagadora objetividade. Isso levar-nos-á a aparecer como pessoas inteiras com um corpo e uma alma, que sofrem e gozam, que têm idéias e preconceitos. Como agir? Assumindo a responsabilidade daquilo que somos, inclusive dos nossos preconceitos.

> *Quando falamos de preconceitos queremos dizer toda uma série de fantasias, idéias, verdades aceitas, pressentimentos, noções, hipóteses, modelos, teorias, sentimentos pessoais, estados de ânimo e convicções escondidas: de fato qualquer pensamento pré-existente que contribua, no encontro com outros seres humanos, à formação do próprio ponto de vista, às próprias percepções, ás próprias ações. Para nós é muito importante que o terapeuta tome consciência dos próprios preconceitos. De tal maneira poderá assumir a responsabilidade e utilizá-los nas interações terapêuticas.* (CECHIN, LANE, RAY, 1997, p.7.)

—Estamos no terreno humano da vida. A questão que, para mim, passa a ser importante agora é: como é que isso tudo pode dar relevância ao trabalho do terapeuta, para o teu trabalho?

Uma visão caledoscópico-amorosa

—Implicações práticas? Inúmeras! Vou falar primeiro das idéias de Devereux, Maturana e Morin. Veja, para este último, quando se coloca a possibilidade de aceitação de uma existência ***independente*** do observador, *"de tal forma que se possa utilizar esse acesso como argumento explicativo, coloca-se, inevitavelmente o fato de ser possuidor de um acesso privilegiado à realidade"* (*Op. cit.*, p. 24.)

Já falando enquanto terapeuta, direi que se reconhecidamente vivemos em um mundo em que convivem diversas realidades, quer dizer que o terapeuta, na sua convivência, na sua experiência com os seus clientes, participa de um processo em que, também, coexistem várias realidades. É nesse contexto que deverão construir-se múltiplas novas opções.

—No caso da história das pessoas isso acaba sendo muito útil.

—Sim, dito de forma resumida ficaria assim: o relato que nos é trazido por uma família constitui ***uma*** das realidades possíveis —dolorosa, triste, agressiva etc.— o encontro terapêutico servirá para a construção de outro relato, ***outra*** das possíveis realidades: amorosa, equilibrada, saudável etc.

—Construções e mais construções. O multiverso do qual fala Maturana. Quer dizer o questionamento da existência de ***uma*** realidade não se transforma em empecilho para o teu trabalho terapêutico.

—Isso. E posto que a senhora fala em trabalho terapêutico, concluindo, a propósito da questão da subjetividade, queria lembrar-lhe que ambos os pensadores coincidem em outro ponto: as emoções. Ambos falam em amor. A relação com os nossos clientes só pode estar baseada no amor.

Eu digo que a gente se refere a relações humanas fundadas sobre uma emoção fundamental que é a aceitação mútua; a da aceitação do outro na convivência, e para essa emoção temos uma palavra, ***uma palavra importante que é amor****.* (*Op. cit.* p. 34.)

Este é, também, o ponto de vista de Georges Devereux:

Eu penso que aquilo que cura os nossos pacientes não é aquilo que sabemos, mas aquilo que nós somos e que ***nós devemos amar os nosso pacientes.*** (DEVEREUX, G., 1980, p. 49.)

—Muito bem. Isso tudo significa que para ti, o terapeuta será fundamentalmente alguém que, ao entrar em contato com seus clientes, continua sendo uma pessoa total, possuidora de afetos e sentimentos, que não pode pretender esconder ou eliminar sua própria emoção...

—Porque ela será fundamental para a boa marcha do processo.

—Deste ponto de vista, a terapia nada mais é do que uma proposta de novas construções...

—...realizadas em um contexto amoroso!

—Essa é a base epistemológica da tua abordagem?

—Em boa medida, mas se falarmos em ciência, ela acaba tendo uma base mais ampla. Vou-lhe explicar.

Com a ajuda das outras ciências...

Recentemente "descobri" que acabava sendo um verdadeiro absurdo pretender uma compreensão da família, sendo tão ignorante em tantos e tantos terrenos importantes. Com que direito falaria eu em família se apenas conhecia o aspecto psicológico das suas relações? Eu não sabia praticamente nada de História, de Antropologia, de Filosofia e por aí afora.

—Querias ser um especialista em todas as disciplinas?

—Não exageremos! Percebi, apenas, que é preciso apropriar-se de [ou ao menos tomar emprestada] um pouco da visão que cada uma dessas disciplinas têm da família. Só assim poderei aprofundar meu conhecimento e aprimorar minha capacidade de intervenção nas famílias em conflito, com as quais trabalho.

—De que forma, por exemplo, o estudo da antropologia pode ajudar-te na tarefa?

—De mil maneiras! Lembro-me de quantas vezes Georges Devereux não repetiu para nós sua frase: "Muitas atitudes podem tomar-se em relação à cultura, menos ignorar que ela existe."[2] O conhecimento da cultura da família vem a ser fundamental para o bom sucesso da intervenção terapêutica. Nossa realidade atual é tão complexa que, se não fizéssemos um esforço real de compreensão do fenômeno cultural, acabaríamos tentando reproduzir as intervenções que, aprendidas nos livros e adequadas para outros contextos culturais, cairiam no vácuo sem atingir o alvo nem provocar a almejada mudança. Algo que Vincenzo DI NICOLA (1998) mostra com muita propriedade no seu trabalho e que, também, constitui um dos fios condutores da visão que exponho em um dos livros que estou preparando: ***O espírito da coisa, família, terapia e cultura*** (MOLINA-LOZA, SDc.)

No que diz respeito aos fundamentos das relações familiares, pode a antropologia ajudar-nos a elucidar a questão do que é "adquirido" ou "aprendido no contexto cultural" e aquilo que seria "inerente à natureza humana"? Para responder à questão deixe-me utilizar o exemplo do qual acabamos de falar, o amor. Um momento atrás eu afirmava que a intervenção terapêutica deve ser amorosa. Uma intervenção amorosa só poderia ser isomórfica, e por conseguinte assimilada pela família, se ela própria, enquanto organização, constituir um terreno favorável para esse tipo de intervenção. Se a organização familiar não for uma organização basicamente amorosa e sim, pelo contrário, uma organização baseada na opressão hierárquica, nossa proposição não passaria de uma bela e talvez inútil utopia. Por isso, o fato de conhecer o devir histórico da família à luz da antropologia, torna-se fundamental.

—Formula, então, a tua pergunta.

—Quero partir da oposição amor-poder, tão cara a Humberto Maturana. A família surge e subsiste graças ao amor ou graças ao poder...

É o poder hierárquico necessário para sua constituição e sobrevivência?

—E como se responde a essas perguntas?

—A hierarquia subjugadora, juntamente com o poder e a competição, são, segundo MATURANA (1992, MATURANA, H., VERDEN-ZÖLLER, G., 1994) elementos de dissolução social. Os elementos que fundam o social

[2] No contexto do Seminário de Etnopsicologia dirigido por Georges Devereux na École de Hautes Études en Sciences Sociales, em Paris.

são, pelo contrário, a democracia, o amor e a cooperação. Utilizemos, apenas, o caso da hierarquia. Se a existência da hierarquia for inerente à condição humana... de que serviriam nossas tentativas amoroso-terapêuticas de combatê-la, de aboli-la? Nasceriam mortas.

—Mas sem existência de uma hierarquia como poderia haver organização social? A existência de uma divisão hierárquica é uma das bases da sociedade...

—Desculpe, é preciso que esclareçamos esse conceito. Quando Maturana fala de hierarquia... ele está se referindo às hierarquias opressivas baseadas no poder.

—E existem hierarquias que não sejam subjugadoras, baseadas no poder?

—Claro que existem, e este é um exemplo que pode nos ajudar a esclarecer a idéia. Vamos, como havíamos combinado, pedir ajuda aos antropólogos. Essas hierarquias indispensáveis para o funcionamento do social, às quais se referia, são aquelas que Riane Eisler chama de *"hierarquias de realização. Estas são as hierarquias familiares de sistemas dentro de sistemas, por exemplo, de moléculas, células e órgãos do corpo: progressão rumo a um nível superior, mais complexo e evoluído de função.* (EISLER, R., 1989, P. 146.)

—E as outras?

—As outras são as *"Hierarquias de dominação* [ou seja] *sistemas de supremacia humana baseados na força ou na ameaça de força.* [Estas] *inibem a realização de funções mais elevadas, não só no sistema social como um todo, mas também no indivíduo."* (Op. cit., p. 146.)

—E de que maneira isso te ajuda no teu trabalho?

—Se podemos chegar à conclusão, como o faz brilhantemente no seu livro Riane EISLER (1989), de que a sociedade nem sempre foi dividida na base da coerção e da força, como o é atualmente, que houve um tempo em que não existiam hierarquias de dominação, quer dizer que elas não são inerentes à condição humana. O que nos levaria a concluir, também, que é possível se pensar em organizações [a família por exemplo] que não estejam baseadas na existência de *hierarquias de dominação*!

—E terias alguns exemplos da existência dessas hierarquias de realização?

—Os exemplos são inúmeros! Com prazer citarei alguns deles, provenientes dos mais diversos cantos da terra.

E, pela sua clareza e pertinência, vou começar apresentando a resposta dada por Marvin Harris à questão da relação do homem com o poder.

> *Alberga o homem uma insaciável sede de poder que, à falta de um chefe forte, conduz inevitavelmente a uma guerra de todos contra todos? Se*

julgarmos pelos exemplos de bandos e aldeias que sobrevivem nos nossos dias, durante a maior parte da pré-história, nossa espécie conduziu-se bastante bem sem chefe supremo.[...] *As pessoas ofereciam porque esperavam receber, e recebiam porque esperavam oferecer. A melhor maneira de garantir-se contra o dia adverso consistia em ser generoso.* (HARRIS, M., 1994, pp. 335-6)

—O ser humano não é intrinsecamente opressor, o homem não é, insistamos, intrinsecamente opressor das mulheres, em particular, nem de outros homens, em geral.

—Afirmas isso tudo a partir desses depoimentos?!

—Não, isso aguça a curiosidade e faz com que se busque outras fontes. Qual é o resultado? Simples. Encontramos inúmeras referências à existência de uma sociedade sem esse tipo de dominação. O mesmo Marvin Harris expõe com nitidez o processo de surgimento da dominação da mulher pelo homem, base da primeira dominação hierárquica.

Creio que podemos estar relativamente seguros de que [...] *estas diferenças foram responsáveis pela seleção recorrente do sexo masculino como sexo encarregado da caça maior.* [...] *Os homens foram objeto de seleção cultural como caçadores de animais de grande porte, porque suas vantagens, no que diz respeito à altura, peso e força muscular, os tornavam, em geral, mais eficazes do que as mulheres para esse fim.* [Essa seleção] *implica, ao menos desde o paleolítico,* [que os homens] *têm sido os especialistas na fabricação e uso de armas* [...] *que têm a capacidade de ferir e matar seres humanos, além de animais.* (HARRIS, M., 1994.)

—E esse controle das armas transforma-se facilmente em poder de submissão, quando a palavra deixa de ser caça e passa a ser guerra...

A prática da guerra é responsável por um conjunto muito difundido de instituições que refletem a supremacia do macho nas micro-sociedades. [...] *As instituições que refletem a supremacia do macho devem sua origem á guerra, ao monopólio das armas que possuem os machos agressivos.* ***A guerra****, porém, como já demonstrei,* ***não é uma expressão da natureza humana****, mas sim a reação diante de pressões demográficas e ecológicas.* ***A supremacia masculina não é, pois, mais natural que a guerra***. (HARRIS, M., 1979, p. 74.)

—A descrição fornecida por diversos autores confirma a tese do surgimento ***cultural*** das hierarquias de dominação. Pierre CLASTRES (1991), por exemplo, apresenta a visão que, do ***poder***, têm os índios Guayaki do Paraguai. Para eles o "chefe" não seria aquele que manda sobre os outros, mas sim aquele que assume a responsabilidade de guiar e orientar o grupo em certas circunstâncias especiais. Colin TURNBULL (1987), no seu trabalho sobre os iks confirma a mesma tese:

A caça com lança é muito mais difícil e menos frutuosa, mas suficiente para garantir a subsistência quotidiana. Apesar de as mulheres e as crianças não participarem desta atividade, elas são chamadas a desempenhar um papel nela: São elas as encarregadas de levar para o acampamento a caça, permitindo, assim, que os homens possam continuar caçando. As mulheres estão sempre nas proximidades e elas colhem enquanto os homens caçam. Elas participam nas discussões vespertinas, nas quais se decide onde vai se caçar no dia seguinte, porque os alimentos que elas colhem são tão importantes quanto a carne. Esta é uma outra característica comum às sociedades deste tipo: ***a cooperação e a igual importância de homens e mulheres***. (*Op. cit.* pp. 17-18.)

—Uma concepção e uma prática semelhantes são encontradas por Evans-Prtichard, entre os nuer. Eles não têm chefes no sentido de alguém que tenha o poder de dominar os outros, sejam estes homens ou mulheres (EVANS-PRITCHARD, E.E., 1994, p. 22). Seu depoimento é claro:

O nuer é o produto de uma educação tão rigorosa quanto igualitária; profundamente democrata [...] *Sua insubordinação básica, faz com que ao menor sinal de obrigação imposta, dê mostras de uma grande impaciência.* ***O nuer não aceita nenhum tipo de superior***. (*Op. cit.*, p. 211.)

Os exemplos apresentados por Margaret Mead vêm, também, apoiar a idéia de uma natureza humana que não é fatalmente hierárquica-dominadora. No seu fascinante trabalho sobre os arapesh da Nova Guiné, a célebre antropóloga, além de mostrar uma forma igualitária de viver e dividir as tarefas entre homens e mulheres, fornece algumas pistas para o compreensão do fenômeno. A primeira característica que menciona, é a relação da comunidade com a terra e, sobretudo, seu desconhecimento da guerra:

Os arapesh não consideram que as terras lhes pertencem, seriam eles, pelo contrário, que pertencem a essas terras (p. 16). ***Os arapesh, pode se*** *dizer,* ***praticamente desconhecem a guerra****. Eles ignoram as tradições dos caçadores de cabeças; eles não acham que para ser bravo e viril seja necessário matar.* (MEAD, M., 1963, p. 22.)

Não sendo submetidos à necessidade de guerrear... tampouco experimentam a necessidade da criação da autoridade hierárquica:

> ***A autoridade é concebida como uma necessidade social****, que não é destinada a freiar a agressividade nem a satisfazer os apetites individuais; no seu espírito, ela deve obrigar alguns dos membros da comunidade, mais capazes e mais bem dotados, a assumir, com freqüência contra sua vontade, as responsabilidades necessárias para organizar, cada três ou quatro anos, ou mais raramente, uma cerimônia que realmente mexa com os seus corações. Assume-se* ***que ninguém deseja verdadeiramente transformar-se em chefe*** *ou personagem importante.* (*Op. cit.*, p. 26.) [...] *A sorte e os talentos de um homem não se transformam em vantagens exclusivas para ele, são, pelo contrário, socializadas.* (*Op. cit.*, p. 28.)

Isso também é o que aparece nos trabalhos de Francis Huxley sobre os índios urubu do norte do Brasil. Apesar do seu recente passado canibal (HUXLEY, F., 1993, p. 223-245), eles também assumem uma atitude de desconfiança perante o poder hierárquico do chefe que apenas:

> *Deve cuidar da sua gente, ajudá-los a adquirir facas e facões, garantir que a roça seja grande o suficiente para provê-los de mandioca durante o ano todo; de outra forma, acabará provocando o descontento dos membros da aldeia e estes o abandonarão. Fora da sua própria família,* ***um chefe não tem nenhuma autoridade****;* ***não tem direito a dar ordens*** — tudo se faz através do consentimento, *sua influência depende do seu prestigio. Esse prestígio não depende apenas da sua habilidade na caça, da sua coragem e da sua astúcia, mas também da* ***sua generosidade****. Um chefe avarento não tem seguidores.* (*Op. cit.*, p. 69.)

Não posso deixar de fazer referência às observações de Bronislaw Malinowski nas ilhas Trobriand.:

> *Pronto chamará a atenção a* ***ausência de uma autoridade geral*** *bem reconhecida. (...) A autoridade recai nos anciãos da povoação. Em cada aldeia, o homem mais velho ocupa uma posição de* ***influência*** *e poder pessoal, os anciãos, enquanto grupo, representam a tribo em diversas cir-*

cunstâncias, tomam as decisões e as impõem, ***sempre seguindo estritamente as tradições tribais*** (MALINOWSKI, B., 1973, p. 53)

E um pouco mais adiante:

As mulheres, também aqui, exercem uma grande influência e assumem boa parte das tarefas nas hortas. (...) ***Não há chefes****, mas os velhos influentes dispõem da autoridade, e em cada aldeia há um homem, um cabeça responsável, que assume a direção das cerimônias e os outros atos tribais de importância. (P. 63) Igualmente, na vida tribal,* ***o status das mulheres é muito elevado****. Em geral não participam dos conselhos dos homens, mas têm suas próprias reuniões para muitas questões e controlam determinados aspectos da vida tribal. Por exemplo, parte do trabalho hortícola está sob o seu controle, o que se considera mais um privilégio do que uma obrigação.* (MALINOWSKI, B. 1973, p. 69.)

E não resisto à tentação de acrescentar mais um testemunho...

Entre os bochimanos algumas das bandas maiores têm um chefe; mas na maioria delas, os assuntos de interesse coletivo, tais como a migração e a caça, estão sob a direção de certos indivíduos que somente graças à sua capacidade têm conquistado o respeito e a obediência dos seus companheiros. ***Quando há chefes, parece que dirigem o grupo apenas quando este se desloca de uma localidade à outra, para vigiar as fogueiras no território de caça e para conduzir no combate. Este "funcionário" é, portanto, um guia, com autoridade somente enquanto demonstre capacidade para a exercer. Não julga seus companheiros e nem sequer manda sobre os adultos da sua própria família.*** (HERSKOVITS, M., 1995, p. 372.)

—A conclusão que se pode tirar disso tudo é que é o chefe que deve seguir aos seus supostos subordinados. Ele é colocado em uma situação que o "obriga" a servir a seu povo.

—E, ao que parece, mesmo quando não se trata de comunidades "primitivas", mas de grupos que já tiveram contato com a civilização ocidental hierarquizada.

—É justamente isso que se desprende do depoimento de Alfred METRAUX (1982).[3]

Os chefes se recusam a tomar decisões contrárias às decisões do grupo. Com muita discrição procura conhecer a opinião da maioria para deixar-se guiar por ela. O chefe decide quando deixar um acampamento, quando se caça ou pesca ou se é hora de celebrar uma festa de bebida. Os assuntos importantes são tratados pelo Conselho. (Op. cit. p. 89.)

—Bem, mas tudo isso quer dizer que...

—Quer dizer que nossas tentativas por introduzir uma concepção cooperativo-amorosa nas relações familiares, baseiam-se em uma longuíssima experiência histórico cultural e na compreensão aceitação do potencial humano da sua realização. Quer dizer, também, que não apenas a família pode e deve funcionar desta forma não hierárquica dominadora... também devem obedecer a este modelo o terapeuta e suas intervenções.

—Mas a antropologia só fornece informações de comunidades nas quais não se conhece a opressão e a hierarquia?

—Não, claro que não! A própria Margaret MEAD (1963), na segunda parte do seu livro, apresenta a comunidade dos mundugumor, cujos membros, canibais, são agressivos, individualistas e... claro, só podia, temíveis guerreiros.

—A guerra...

—Sim, sempre a guerra.

—Vou insistir, a hierarquia de opressão é uma excrescência da cultura e não uma necessidade intrínseca do ser humano.

—Compreendi.

—Agora, antes de concluir nossa "expedição" antropológica, quero pedir o auxílio da paleetnologia, segundo o seu testemunho: Nossos longínquos ancestrais, que no início tinham uma dieta essencialmente vegetariana, passaram a consumir carne, sentando as bases do que viria a ser uma sociedade de caçadores. Para que isso acontecesse tiveram que inventar instrumentos apropriados para o abate de animais de força e tamanho muito superiores aos deles. "'Sendo mais fraco e menos veloz que suas presas (a partir daquele momento, indispensáveis para sua dieta), o nosso ancestral teve que desen-

---

[3] Para outras reflexões em torno da idéia da responsabilidade de condução sem conseqüências de opressão, ver também o livro *Todos os nomes da Deusa*, CAMPBELL, C., *et alii*, (1997), que reúne trabalhos de Campbell, J., Eisler, R., Gimbutas, M., e Musès, C.

volver uma estratégia de ação que o obrigava a utilizar a fundo a própria imaginação, *programando* a caça e criando instrumentos que reforçavam a capacidade do seu braço e lhe permitiam competir com as poderosas fauces dos outros predadores, com o tamanho e a agilidade do elefante..." (ANATI. E. 1992, p. 24.)

—Aonde queres chegar?

—À questão da *programação*, que terá conseqüências inestimáveis:

> *Isto obrigou* [nosso ancestral] *a ter um comportamento insólito para um primata e determinou seus particulares hábitos sociais. A caça de grandes animais exigia uma capacidade de ação que o obrigava a agir em grupos de caçadores especializados, necessariamente separados do resto do núcleo. (...) [Este] grupo de caçadores* ***desenvolvia uma habilidade de cooperação sem a qual não haveria podido ser eficiente.*** *Desenvolvia, também,* ***o sentido de grupo*** *e de corporativismo que separava os machos adultos hábeis do resto do núcleo, e constituía a* ***base para repartição das tarefas*** *e, por conseguinte, para uma especialização." (Op. cit. p. 24.)*

—Seria essa divisão cooperativa, que se encontra nos primórdios do processo de surgimento do ser humano, que permite sua sobrevivência e o ulterior desenvolvimento da cultura.

—A hierarquia funcional...

—Que, acredito, continue sendo básica para se pensar em um mundo que não descambe para o caos da opressão baseada nas hierarquias de poder.

—Agora que estamos encerrando nossa volta por diversas épocas e culturas, quero agregar algo que me parece de grande importância. A existência de relações interpessoais harmônicas e maduras depende da possibilidade de estabelecimento de intercâmbios inespecíficos.

—Intercâmbios inespecíficos?

—Inespecíficos sim. Assim chamo eu àqueles intercâmbios em que os dois lados dão [aquilo que dão, que pode ser afeto, bens materiais, atenções etc.] simplesmente porque têm o prazer de o fazerem. O fato de dar constitui uma satisfação que já é compensadora por si só. E, por outro lado, porque sabem que, chegado o momento, também receberão. A oferta não se faz em função do desejo específico de obter um ganho, também específico. Nesse clima, mantêm-se um vai-e-vem equilibrado.

—Poderias dar um exemplo contemporâneo de uma situação semelhante?

—Até dois. A relação mãe-bebê, seria a primeira. A mãe dá ao bebê e fica satisfeita pelo fato de dar. O bebê, à sua maneira, retribui e fica satisfeito pelo fato de tê-lo feito. Ambos dão e recebem sem que haja nenhum tipo de cálculo.

—E o outro?

—Os namorados. O namoro é, antes de mais nada, o prazer de dar. Não há cobrança. Quando o "departamento de cobranças" começa a funcionar, está decretando o fim do namoro. O amor constitui, pois, um contexto de trocas inespecíficas. O mesquinho "eu só dou se você me der" é um inimigo mortal do amor. O amor só sobrevive se for livre da limitação calculista: "só dou se receber..."

—Muito bem. Agora gostaria que recapitulasses e falasses sobre a forma em que, isso tudo que aprendeste através da antropologia, tem a ver com o teu trabalho.

— Ótimo. Sou um terapeuta que reconhece a importância da subjetividade e da utilização do **seu** afeto [amor] na intervenção terapêutica. Por outro lado, reconheço, também, a coexistência de realidades que nos convidam a construção [cooperativa] de novas realidades, mais saudáveis e amorosas.

—Obrigada... agora podes continuar com as tuas reflexões "históricas". Não desanimes, são interessantes. Se persistires poderás conseguir ajudas muito proveitosas.

—Ajudas? O que a senhora quer dizer com isso? Não estou entendendo. Mas a senhora está indo embora!

—No momento nossa tarefa concluiu. Agora precisas concentrar-te nas tuas idéias sobre a história. Não te arrependerás!

[Dito isto, Urânia pareceu desvanecer-se. Deixando o nosso terapeuta na saudade, mas disposto a voltar a seu caro tema.]

"Voltar à história", falou para os seus botões resignado. "Onde é que eu estava?" Imediatamente lembrou-se das considerações que seus colegas faziam sobre seus clientes e suas histórias. E voltou aos devaneios que, para sua felicidade, haviam sido interrompidos pela agradável chegada de Urânia.

Acompanhemos, pois, a conversa que o nosso terapeuta realizou, com os seus próprios botões, depois da partida de Urânia.

O ser humano é produto de uma história...

Os colegas pareciam afirmar: "O ser humano é o produto de uma história". E não deixavam de ter razão. Quem poderia ser contra uma idéia tão evidente? O problema estava em que essa afirmação sozinha acabava sendo parcial e de pouca ou nenhuma utilidade. [Uma verdade pela metade pode ser pior do que uma bela e completa mentira.] Para que servisse de alguma coisa teria que ser completada. Mas como? A resposta surgiu em um belo dia, depois de conversar com duas pessoas que haviam sofrido juntas o *"mesmo"* problema. Uma dizia: "Depois do que passei eu nunca mais fui a mesma, nunca mais me levantei. Por mais que tente não consigo! Estou acabada." A outra falava: "Foi um golpe muito duro, eu cheguei a pensar que nunca me refaria. Hoje percebo que sou o que, sou graças àquele problema. Com ele aprendi a lutar, aprendi a vencer..." [Ver figura 1.]

Figura 1

Quando revisava mentalmente a situação parou, exclamando: "É isso aí! ***As pessoas constróem suas histórias. São produto da sua história mas também produzem suas histórias!"*** Podem imaginar a infinita alegria que sentiu? Duvido. Nesse momento achou-se capaz de ver as pessoas feitas por uma história, fazendo sua história. Em uma espiral evolutiva o criador ia sendo criado por sua criação! Deixando-se levar pela imaginação viu que as portas da história se abriam diante dele. Sentado, viu desfilar novamente diante de si, mil e uma histórias. A seguir, munido de lápis e papel, fez o esquema reproduzido na figura 2.

Figura 2

A tão agradável experiência que acabava de ter, e a riqueza da conversa com a sua ilustre visitante, deram-lhe uma profunda vontade de conversar... "Preciso conversar com alguém", decidiu. [Essa mania dos miscelânicos da qual falávamos anteriormente: compartilhar com alguém, produzir e compartilhar....] Quando estava prestes a levantar-se, para buscar esse indispensável interlocutor, com quem iria trocar idéias, lembrou-se de uma outra visita e da oferta que, na ocasião, sua ilustre visitante lhe fizera. Mal havia formulado a palavra Clio... quando ouviu uma voz que lhe dizia: "Presta atenção à História..."

Capítulo II

Presta atenção à História...

Clio cumpre a promessa de voltar

—Estás no bom caminho, tu sabes. Só precisas prestar mais atenção à História.

A afirmação foi para ele tão chocante que, confuso e antes de conferir quem ela era, resmungou!

—Essa é boa! Eu dou pouca importância à história? Logo eu, artesão de tantas e tantas histórias! Mas ao mesmo tempo, uma pergunta dançava na sua mente: quem era aquela outra intrusa? Tinha a impressão de conhecê-la. Seria por isso que Urânia insistiu tanto para que voltasse a se debruçar sobre a história? Era possível que fosse realmente...

—Não fiques tão nervoso. Em primeiro lugar, eu estou aqui porque gosto do que fazes e quero ajudar-te. Em segundo, percebe que eu falei de História e não de história. Há uma grande diferença entre uma e outra.

O tom amável e a atitude amigável fizeram um efeito imediato. O nosso terapeuta observou a maravilhosa figura da sua interlocutora [não a vendo mais como uma intrusa, é claro!, e lembrando da sua tão agradável experiência com Urânia] ficou esperando por uma resposta à pergunta insinuada pelo seu olhar de assombro.

—Sou Clio, respondeu, não lembras de mim? Sabes que qualquer um que se interesse pela História é meu protegido.

—Ah!, claro. A senhora voltou. E vai me ajudar?, disse o terapeuta.

—Ajudar concretamente... não. Tu me conheces, eu tenho minha maneira de fazer as coisas, serei tua fonte de inspiração.

—A senhora quer melhor ajuda do que essa?! Mas quando vai começar?

—Quando percebas que já comecei... terei começado.

—Deixe-me ver... a senhora falou em História... é por aí?

—Não me perguntes, conta-me, eu escuto....

História pessoal e história **Pessoal**

—É difícil, tudo está apenas tomando forma, não cheguei ainda a nada parecido com uma **conclusão**. Se a senhora já tinha algum tempinho de estar-me acompanhando, poderá lembrar que eu estava partindo da idéia de que ao mesmo tempo que as pessoas são produto de sua história, sua história é produzida por elas mesmas. A-história-faz-as-pessoas-que-fazem-sua-história. (Isso tem que ser falado sem respirar, de uma tirada só!) É daí que sai a minha idéia, vamos ver se consigo expô-la: Todo mundo tem uma ***História** pessoal* e uma *história **Pessoal***. E isso significa...

—Aguarda um pouco. Não avances tão rápido, vamos por partes. Antes de tentar compreender tua concepção global, quero poder entender o que entendes por ***História** pessoal*.

— Para defini-la recorro à minha noção do que seria a História: "o conjunto dos fatos, dos acontecimentos ou das experiências da vida de uma pessoa". Essa é a definição que levo guardada comigo e que, segundo parece, deveria ser válida tanto para uma pessoa quanto para uma família, uma nação ou, simplesmente, toda a humanidade.

—Tens autoridade para afirmar que História é isso? Não queres procurar ajuda, perguntar? Conheço alguém de nome *Aurélio* que poderia te auxiliar.

—A senhora tem toda razão, vou ver o que ele diz sobre História.

> **HISTÓRIA.** [Do gr. Historía, pelo lat. historia.] S. f. **1.** Narração metódica dos fatos notáveis ocorridos na vida dos povos, em particular, e na vida da humanidade, em geral: *a história do Brasil; história universal.* **2.** Conjunto de conhecimentos adquiridos através da tradição e/ou por meio dos documentos, relativos à evolução, ao passado da humanidade. **3.** Ciência e método que permitem adquirir e transmitir aqueles conhecimentos.

—Dancei. Segundo o dicionário, história e relato são sinônimos. Nessa definição não há nenhuma referência aos fatos que geraram os relatos como sendo história. Se os fatos em si não constituem História, minha tese estaria errada. Não existiria uma ***História** pessoal*, mas apenas a *história **Pessoal***? (Não, não esqueci que ainda não defini esta última, mas haja vista o que acabamos de ler... já nem sei se vai ser necessário...)

—Por que és tão apressado? Será que porque *Aurélio* te deu essa definição, não poderias encontrar outra? A persistência é uma qualidade que não pode faltar a quem se diz um amante da História. Procura Dona *Larousse*, quem sabe?

—Ah!, entendi. Vamos ver, a senhora *Larousse* diz que:

> **HISTÓRIA** s.f. (Do gr. *Historia,* investigação, de *histor,* o que sabe, pelo lat. *História.*) **1**. Conhecimento do passado da humanidade e das sociedades humanas; disciplina que estuda esse passado e procura reconstituí-lo: *as fontes, os métodos da história.* (*encicl.*) - **2.** Em oposição à pré-história, período conhecido principalmente por meio de documentos escritos. - **3.** O passado da humanidade, a seqüência dos acontecimentos que o constitui, considerados particularmente em seu encadeamento, em sua evolução: *fatos que pertencem à história.*

—Oba! Veja o item **3**: *"O passado da humanidade. Seqüência de acontecimentos que constitui o passado."* Adorei!, isso também é história. Quer dizer que, segundo essa definição e de acordo com a minha idéia, uma pessoa pode ter uma ***História** pessoal.*

—Podemos continuar sem precipitações? Conheço outras figuras que, de certo, teriam um enorme prazer em ajudar-te. Pergunta para il Signore *Garzanti.*

—Ele diz que:

> **STORIA** [stòria], ant. o lett istoria, s.f. **1** l'accadere delle vicende umane, lo svolgersi delle civiltà: *i progressi della — umana; la — dei popoli medìterranei; la — sacra*, quella dell'antico popolo ebraico *(estens.)* fatto, evento accaduto: *no è fantasia, è* - **2** narrazione sistematica e interpretazione critica delle vicende degne di memoria della società umana nelle loro reciproche connessioni: — *antica, medievale, moderna; la — d'Italia; la — dell'arte, della letteratura, della matematica; tratado di —; passare alla —*, essere degno de essere ricordato

come materia di insegnamento scolastico: *professore di —; esame di —* **3** esposizione di fatti; racconto: *la — paticolareggiata del viaggio; una — d'amore,* favola: *la nonna raccontava ai nipotini lunghe storie.* DIM. *storiella, storietta* PEGG. *storiaccia.*

—Essa foi boa. A senhora percebe que para ele história, na sua primeira acepção é justamente o *acontecer das vissicitudes humanas*? A história enquanto narrativa só vem em segundo lugar. Será que essa contradição...

—Não fiques na dúvida, tem aqui mais gente querendo ajudar, deixa falar primeiro Monsieur *Petit Robert*:

HISTOIRE [istwar]. *n. f.* (1361; estoire, 1155, « récit d'événements memorables »; lat. historia, mot gr.). **I. 1°** Connaissance ou relation des événements du passé, des faits relatifs à l'évolution de l'humanité (d'un groupe social, d'une activité humaine), qui sont dignes ou jugés dignes de mémoire; les événements, les faits ainsi relatés. *Histoire générale, universelle d'un peuple, d'un État, d'une nation. Histoire de France. Histoire d'une période, d'une époque. Histoire de la Révolution française,* de Michelet. *Histoire ancienne, histoire du moyen âge* (395 à 1453), *histoire des temps modernes* (1453-1789), *histoire contemporaine. Histoire d'un souverain, d'un grand homme, d'un héros.*

—Épatant! Qui l'aurait dit... A senhora me desculpe, empolguei-me. Mas ele também faz referência aos fatos, aos acontecimentos.

—Deixa chamar mais dois e aí vemos. Señor *Sopena*, por favor, como define História?

HISTORIA. f. Narración y esposición verdadera de los acontecimientos pasados y cosas memorables. ‖ Conjunto de los sucesos referidos por los historiadores. ‖ Obra histórica compuesta por un escritor; o aquella en que se refieren acontecimientos o hechos de un pueblo o de un personje. ‖ fig. Relación de cualquier género de aventura o suceso. ‖ fig. Fábula, cuento o narración inventada. ‖ fig. y fam. Cuento, chisme, enredo. Ú. m. en pl. § **Historia universal.** La de todos los tiempos y pueblos del mundo.

—Agora, Mister *Webster's*, a sua definição:

> **HIS.TO. RY** (hísteiri:, hístri) *pl.* **his.to.ries** n. a record of past events, usually with ňa interpretation of their cause and an assessment of their importance || the study and writing of such records || past events || a narrative of real or fictitious events connected with a particular person, country, object etc. || [fr. L. *historia* fr. Gk *histõr,* wise man, judge]

—Pronto, a senhora tinha razão. Se houvesse me precipitado, teria jogado fora minha proposta de ***História*** *pessoal.* Sabia que, de fato, vivi a experiência, cheguei a fazê-lo? Eu havia começado esta reflexão com muito entusiasmo. Já a estava utilizando como ponto de partida para intervenções concretas, no consultório e nos meus grupos de formação quando... consultei o *Aurélio.* Aí tudo pareceu vir por água abaixo. Depois de ter proposto nos meus grupos de formação essa idéia, ao ver a definição dada por ele, falei com os alunos que estava suspensa, até nova ordem, a proposta. Se queria continuar com a idéia... teria que encontrar uma nova formulação.

—Então, o caminho está livre agora para que definas o que seria tanto ***História*** *pessoal* quanto *história* ***Pessoal.*** Devo confessar-te, estou curiosa.

—Curiosidade... outra virtude de quem gosta de História, não é mesmo? Perfeito, vamos lá. Se História pode ser —segundo uma das suas acepções— uma seqüência de fatos, experiências ou vivências —de acordo com outra— seria um relato organizado desses mesmos fatos. Isso significaria que o **fato** histórico pode constituir um suporte para um ou ***vários*** **relatos** históricos.

A partir daí, eu defino, pois, ***História*** *pessoal* como o **conjunto de fatos, acontecimentos e experiências de uma pessoa**, e sua *história* ***Pessoal*** como sendo a **forma específica em que uma pessoa *seleciona, hierarquiza, organiza e atribui pesos e medidas*** àquilo que guardou da sua ***História*** *pessoal.* [Ver figura 3.]

—Isto é, os acontecimentos, ou fatos, por ela vivenciados. Muito interessante. Estou gostando.

—A estas noções, virão agregar-se outras. A mais próxima é a de histórias personalizadas... eu gostaria de expor-lhe...

—Aguarda um momento. Vamos mais devagar. Proponho que retornemos à dúvida anterior: o que é história? Ela pode ser portadora de muitas respostas interessantes. Depois de esclarecermos e aprofundarmos essa questão poderemos continuar. Pensas em alguém cujas idéias poderiam ajudar-nos?

—Claro! Os seus protegidos, aqueles a quem a senhora inspira, os historiadores.

—Vamos então consultar os historiadores. Conheces especificamente alguém que possamos consultar?

—Conhecer profundamente.... não, mas agora, graças à senhora, estou fazendo novas relações e creio poder "conhecer" o suficiente alguém para ousar formular a pergunta. Poderia, por exemplo, ser um historiador profissional. Vou passar-lhe a questão. E. Hobsbawm:

O que é História?

> *Teoricamente, o passado —todo o passado, toda e qualquer coisa que aconteceu até hoje— constitui a história.* (HOBSBAWM. E., 1998, p. 37.)

—O que achas? Segundo ele também História é o passado, *todo o passado.*

—Está certo, mas, sabe, entramos em um mundo de incerteza, porque se ampliarmos o leque e continuarmos a colocar a questão, teremos respostas de todo tipo! Nada menos que E.H. CARR (citado por TUCHMAN, B., 1991, pp. 18-19) afirma que:

> *A crença num núcleo irredutível de fatos históricos que existem independentemente da interpretação do historiador é uma falácia absurda, mas muito difícil de vencer.*

—Ela própria concorda com esse ponto de vista?

—De fato, não, e sua conclusão é interessante para nós:

> [E.H. CARR estava querendo dizer] *que os acontecimentos passados não podem existir independentemente do historiador porque sem o historiador nada saberíamos sobre eles; em suma, que o passado não registrado é como aquela nossa outra velha amiga, a árvore que tombou na floresta primitiva, onde não havia ninguém para ouvir o som de sua queda. Se não havia ouvinte, teria havido som?*
>
> *Recuso-me a ser assustada por esse enigma, pois ele faz a pergunta errada. O problema não é se a queda da árvore fez algum barulho, mas se deixou marca na floresta. Se deixou uma brecha que permita ao sol atingir*

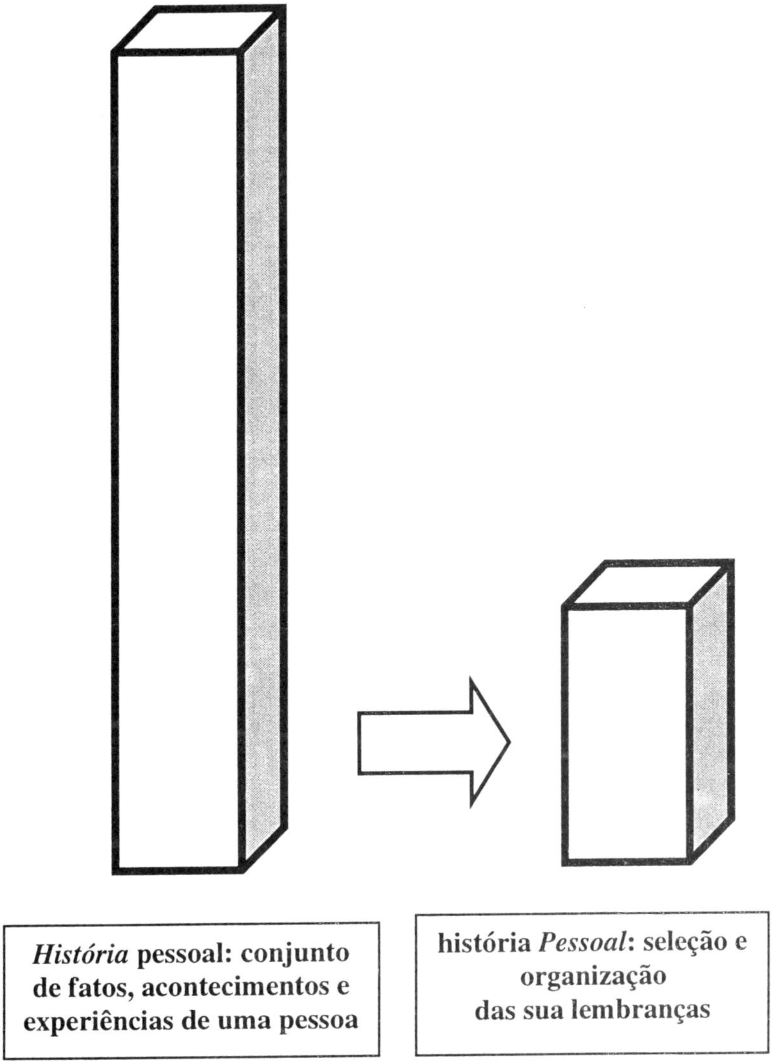
História pessoal: conjunto de fatos, acontecimentos e experiências de uma pessoa
história *Pessoal*: seleção e organização das sua lembranças

Figura 3

uma espécie até então germinada nas sombras [...] aí sim a queda fez história, que tenha sido ouvida ou não por alguém.

Declaro-me, portanto, uma firme crente na "falácia absurda de que os fatos existem independentemente do historiador" [...] o Sr. Carr diz que os fatos históricos não existem independentemente da interpretação *dos historiadores. Isso me parece insustentável.* (TUCHMAN, B., 1991, p 19.)

—Quer dizer, desse ponto de vista, história é todo o passado, conhecido e comunicado ou não pelos historiadores. Mas, veja como as coisas continuam se complicando: história é só o passado? Preste atenção ao que dizem Le Goff e Nora:

O que obriga a história a se redefinir é, de imediato, a tomada de consciência dos historiadores do relativismo da sua ciência. A história não é o absoluto dos historiadores do passado, providencialistas ou positivistas, mas o produto de uma situação, de uma história. (...) Finalmente a provocação mais grave lançada à história tradicional é sem dúvida aquela esboçada pela nova concepção de uma história contemporânea, que é procurada através de noções de história imediata ou de história do presente, a qual, ao recusar reduzir o presente a um passado incoativo, coloca em questão a definição tradicionalmente aceita da história como ciência do passado. (LE GOFF, J. & NORA, P., 1975. Prefácio, p. 13.)

—Calma, a existência dessa diversidade não significa o sepultamento de uma opção em benefício da outra, estás apenas enriquecendo as possibilidades.

—Acontece que cada vez que tenho a impressão de haver encontrado um porto seguro, surge uma nova idéia, uma nova proposta que, ao ampliar o território da minha busca, confunde-me, desorienta-me.

Mas... refletindo seriamente, uma vez mais, porém, a senhora tem razão, e essa noção de ***História do presente*** pode adquirir uma relevância não desprezível no nosso trabalho.

E isso lembra-me que, durante minhas andanças pelos mundos povoados por essas idéias, deparei-me com um outro obstáculo. Agora mesmo lhe conto. Atualmente certos pensadores questionam a existência mesma da realidade, ou seja, a existência da realidade como algo exterior ao ser humano, ao observador (MATURANA, H., 1990, 1997). Sabe, a chamada **objetividade** que tantos cabelos brancos produzira ao longo da história e da qual conversávamos com Urânia [ver páginas 5-7]. A partir dessa afirmação, assume-se que tendo apenas versões dos fatos, uma versão pode ser equivalente [ou no mínimo, tão legítima quanto] qualquer outra. O fato de reconhecer-se a impossibilidade de se "atingir" objetivamente o "acontecimento", também questionaria minha proposta da ***História** pessoal* (não esqueça que ela estaria constituída pelos **eventos** do passado).

—Não concordo. Não vejo como a relativização dessa objetividade afetaria tua proposta. Por outro lado, pensava que já havias aprendido a não desanimar quando encontras um obstáculo, por mais importante que este fosse.

—Tem razão, preciso ser menos apavorado.

—Muito bem... Vejamos, então o que eles, os historiadores, pensam da existência de diferentes versões ou relatos sobre um mesmo fato. Consistiria o fenômeno em si, isto é, a existência de diversas versões, uma negação desse mesmo fato? O fato histórico seria implodido e desapareceria devido à existência de diversos relatos a seu respeito? Ouve a opinião de Marc Bloch sobre a importância do fato.

> *As palavras de Bayle continuam a ser justas. "Nunca se há-de objectar nada que valha contra esta verdade que César venceu Pompeu e que, seja qual for o princípio a respeito do qual se discuta, nunca se encontrarão coisas mais inabaláveis do que esta proscrição: 'César e Pompeu existiram e não foram uma simples modificação da alma daquelas que escreveram a sua vida.'" É verdade: se não ficassem como certos senão alguns factos deste tipo privados de explicação, a história reduzir-se-ia a uma série de grosseiras notações, sem grande valor intelectual.* (BLOCH, M., 1997.)

—E, se voltarmos a Hobsbawm, veremos que ele sustenta a mesma opinião sobre a questão das versões:

> *Em resumo, acredito que sem a distinção entre o que é e o que não é, não pode haver história. Roma derrotou e destruiu Cartago nas Guerras Púnicas, e não o contrário. O modo como montamos e interpretamos nossa amostra escolhida de dados verificáveis (que pode incluir não só o que aconteceu, mas o que as pessoas pensam a respeito) é outra questão.* (HOBSBAWM, E., p. 8.)

—Percebes? Os historiadores, apesar de aceitarem a existência de versões, reconhecem um ponto de partida, um fato, mas um fato que adquire características especiais:

O "fato" do qual se trata de agora em diante não é mais aquele que oferecia ao saber observador a emergência de uma realidade. *Combinado ao modelo construído ele possui a forma de uma* diferença. *(...) O historiador retira dos seus próprios modelos a capacidade de fazer aparecer os desvios. (...) o lugar onde ele se estabelece pode ainda, por analogia, levar o venerável nome de "fato": o fato é a diferença.* (CERTEAU, Michel de, *in* LEGOFF, J, & NORA, P., 1995. P. 37)

Estás satisfeito? A noção de fato é mais abrangente e não necessariamente envolve a idéia da objetividade tradicional. Agora prossegue com o desenvolvimento da idéia de *história **Pessoal***.

—Vamos lá. Como dizia, a *história **Pessoal*** estaria constituída pela seleção específica e particular, realizada por cada pessoa. Nela estariam concentradas aquelas, lembranças referentes às experiências da sua vida, por ela escolhidas. Essa seleção será primeiro adaptada e, a seguir, organizada e hierarquizada segundo a própria pessoa. Cada indivíduo outorgaria, pois, pesos, medidas e valores diferentes aos acontecimentos da sua vida. Isto explicaria porque, uma mesma experiência vivida conjuntamente por duas pessoas, pode ser arquivada nas suas lembranças de formas tão diversas: com mais ou menos brilho, mais ou menos intensidade, por um lado, e ter conseqüências tão diferentes, por outro.

—Ótimo! Está ficando bonito. Quero te fazer uma pergunta a respeito da utilidade prática da tua proposta, mas antes gostaria de lembrar-te que essa é uma questão que inquieta mesmo o grande historiador. Presta atenção, ouve a pergunta de Pierre Vilar:

Deve-se creditar uma certa importância, quem sabe uma importância essencial ou mesmo exclusiva à maneira como os homens representam a realidade que vivem ou, ao contrário, deve-se privilegiar as realidades que produzem essas representações? (VILAR, P. *Apud* MANSOR D'ALESIO, 1998, p. 27.)

—Creio que é isso aí. O terapeuta vive momentos em que busca com empenho na ***História** pessoal (as realidades que produzem essas representações)* e, outros, em que dará uma importância fundamental à *história **Pessoal*** *(à maneira como os homens representam a realidade que vivem).* Há uma coexistência das duas histórias, o fato de que se reconheça a existência da segunda não elimina a primeira.

—O próprio Vilar, ao referir-se ao trabalho do historiador, faz questão de frisar:

... voltar-se para o próprio interior do evento, que passa a se definir pelo olhar que lançamos sobre ele, olhar a um só tempo social, psicológico e político. Não nos esqueçamos do olhar humano, pois seria absurdo simular indiferença ou neutralidade, já que toda obra é constituída também pelas tendências profundas do autor, o que já é um fato de sobra estudado, pois a visão que se tem das coisas pode ser analisada, tanto quanto a coisa em si. É isto que venho chamando de objetividade. Creio que a única objetividade é aquela que o próprio autor percebe e dá a perceber. (*Op. cit.*, p.27)

—O que, de uma outra maneira, também é sublinhado por Madeleine Robérioux:

Portanto, a noção de esquecimento do passado deixa-me um pouco inquieta: dizer que esquecemos o nosso passado significa dizer que ele existe em alguma parte, como um estoque de objetos que não podem ser esquecidos. Mas somos nós que escolhemos, nesse imenso passado, aquilo que será objeto de memória e de conhecimento. (ROBÉRIOUX, M., *Apud* MANSOR D'ALESIO, 1998, p. 117.)

—Quando eu falo de *história* ***Pessoal***, deve-se ter claro que essa escolha, também pessoal, pode ter toda uma série de determinantes, ela não necessariamente é consciente. Certeau diz que não é possível:

...apagar a particularidade *do lugar de onde eu falo e do domínio por onde conduzo uma investigação. (...) meu dialeto demonstra minha ligação com um certo lugar.* (CERTEAU, M., *in* LE GOFF, J. e NORA, 1995, p.16.)

—Sabes, já que estamos com todos esses historiadores ajudando-nos, vamos ver como toda uma série de idéias que, intuitivamente, estavas propondo, têm um correlato nas propostas de alguns deles. O próprio Certeau faz referência, umas páginas mais adiante, a esse processo de seleção:

Em história tudo começa com o gesto de selecionar, de reunir, e dessa forma, transformar em "documentos" determinados objetos distribuídos de outra forma. Essa nova repartição cultural é o primeiro trabalho. Na realidade, ela consiste em produzir tais documentos, pelo fato de recopiar, transcrever e fotografar esses objetos, mudando, ao mesmo tempo, seu lugar e seu estatuto. Esse gesto consiste em "isolar" um corpo tal como se faz em física. Forma a "coleção". (CERTEAU, M., *op. cit.* p. 30.)

—Barbara TUCHMAN (1991), também insiste que o trabalho do historiador consiste, entre outros, em selecionar, em *destilar*, (pp. 10, 11, 42).

A destilação é seleção, e a seleção, como não serei a primeira a afirmá-lo, é a essência da história. É o processo essencial de composição, o mais difícil, o mais delicado, o mais passível de erro, como também de arte. A capacidade de distinguir entre o que é, e o que não é significativo, é sine qua non. *A incapacidade de estabelecer esta distinção significa que o objeto da história, para não falarmos do interesse do leitor, perde-se numa confusão de matéria não diferenciada. São necessárias, simplesmente, coragem e confiança para fazer escolhas e, acima de tudo, para deixar certas coisas de lado.* (Op. cit., p 54.)

—Aguarda, quero que voltemos um pouco atrás, porque essa definição de história, essa divisão da história, por assim dizer, é muito antiga:

Para esclarecer os termos do problema resulta oportuno aceitar, preliminarmente, uma distinção, já proposta por Hegel, entre aquilo que ele chamou de ***res gestae*** *e a* ***história rerum gestarem****, entre o curso da história e a narração do curso da história, entre a história-objeto e o processo de objetivação histórica, ou seja de construção do objeto histórico, o fato histórico.* (TULLIO-ATLAN, C., 1996, p.p. 267-8, os grifos são do autor.)

—Que interessante! Aqui temos, de novo, a ***História*** pessoal e a história ***Pessoal***. Demos, então, mais um passo.

Ouvir, em terapia, é construir uma história

—Em se tratando de terapia, esse processo de seleção, do qual falávamos, é efetuado em duas frentes ou em dois momentos diferentes: um é aquele realizado, de forma inconsciente, pelo cliente, ao ***relatar sua história***. O outro, é o realizado pelo terapeuta quando ouve, ou seja, quando faz ***escuta histórica***. Esta segunda adquirirá, no contexto da minha concepção do terapeuta, uma importância toda particular. O terapeuta trabalha a partir de uma construção histórica [a história ***Pessoal***] que lhe é apresentada pelo cliente, para chegar a uma ***reconstrução histórica***, que será sua própria ***seleção-reelaboração*** daquilo que escutou.

Cada pessoa decide o que fala segundo com quem fala.

O terapeuta decide quem ele é quando escuta.

—Agora, antes de avançar, quero que voltemos para outra questão importante, que na minha opinião também será de grande utilidade, a da distinção introduzida por Le Goff entre ***fato*** e ***acontecimento***:

> *Acontecimentos capitais podem ter lugar sem que se fale deles. É o fato de apreendê-los retrospectivamente, como a perda do poder por Mao Tsé-Tung após o grande passo adiante, que constitui o acontecimento. O fato de terem acontecido não os torna históricos. Para que haja acontecimento é necessário que seja conhecido.* (LE GOFF, J., *in* LE GOFF, J. e NORA, 1995, p. 181.)

A partir de onde voltamos a cair, novamente, na questão da objetividade:

> *Dessa forma, cai definitivamente a máscara de uma objetividade histórica que se encontraria oculta nos "fatos" e descoberta ao mesmo tempo que eles; o historiador não pode mais escapar à consciência de que ele construiu seus "fatos", e de que a objetividade de sua pesquisa encontra-se ligada não somente ao emprego de procedimentos corretos na elaboração e no tratamento desses "fatos", mas à sua pertinência com relação às hipóteses de sua pesquisa.* (FURET. F., *in* LE GOFF, J. e NORA, 1995, p. 57.)

—Não deves esquecer, porém, que para alguns historiadores ***fato*** e ***acontecimento*** podem constituir noções, no mínimo, diferentes...

—Bem, é disso que falaremos daqui a pouquinho. Obrigado pela lembrança!

—Dito nas minhas palavras: os fatos (***História** pessoal*), só seriam transformados em acontecimentos (*história **Pessoal***), ao serem preenchidas certas condições...

—E essas condições seriam?

—Essas condições serão determinadas por uma outra história, noção da qual ainda não falei: **História Externa**, sobre a qual conversaremos em breve. Mas, para facilitar as coisas, vou deixar que um historiador nos explique como, no contexto histórico, o fato vira acontecimento.

> *Outros fenômenos históricos, ao contrário, dependem do rádio. Uma boa parte do período de entre-guerras e a segunda guerra mundial foram percebidas auditivamente. Uma certa época da história contemporânea começa com as conversas democráticas inauguradas por Rooosvelt, com os discursos fulminantes de Nuremberg, que a televisão, no estrangeiro, talvez tivesse matado pelo ridículo ou pela certeza de suas conseqüências.* (LE GOFF, *in* LE GOFF, J. e NORA, 1995, p. 182.)

—E como relacionas isso com o teu trabalho?

—De duas maneiras: a primeira ajudaria a explicar o fato de que a ***História** pessoal* é, por assim dizer, resumida em uma *história **Pessoal***. E a segunda, como lhe dizia e será detalhada mais adiante, a **história externa**. História que será melhor compreendida quando a confrontarmos com a nossa **história interna**. Sem querer adiantar muito, poderia já dizer que na primeira eu identifico os personagens que desempenham o papel da mídia assinalado por Le Goff. Mas deixemos isso para um pouco mais na frente.

—Então, agora fala da utilidade prática da proposta.

—Só posso responder a essa questão depois de ter apresentado o terceiro elemento da proposta que estaria constituído pelas *histórias **personalizadas*** [cuja representação aparece nas figuras 3 e 4]. Mas antes de entrar no tema, gostaria de pedir-lhe que depois me solicitasse para falar de uma outra questão importante: versão ou impostura? [Ver páginas 47-50]

—Conclui com as ***histórias personalizadas*** que depois falamos desse outro tema.

—Perfeito. Estas histórias —isto é as ***personalizadas***— viriam a ser as formas específicas que adquiririam os relatos, dependendo da pessoa à qual estão dirigidos. Trocando em miúdos, uma mesma *história **Pessoal*** será, relatada de formas diferentes para diversas pessoas, dando, pois, lugar às *histórias personalizadas.*

—Mas, aguarda, poderias contar o que fizeste para chegar a esta conclusão?

Histórias personalizadas

—De uma maneira muito simples. Observando as pessoas se expressarem. Um jovem por exemplo, conversa comigo no consultório e me faz um relato. Em outra ocasião comenta com sua mãe, na minha presença, a "mesma" história, "que já não é a mesma". Mudou justamente porque a segunda versão estava destinada à mãe. Posso falar de uma situação concreta. Conheço uma moça muito piedosa, membro ativo de uma igreja evangélica, que vive uma experiência importantíssima: depois de muito sofrimento em relação ao sexo masculino, inicia, com muitas expectativas, um relacionamento amoroso. Peço-lhe que conte para três pessoas do seu entorno, essa bela novidade: uma grande amiga que torce por ela, sua mãe e... o pastor da sua igreja. Os relatos, do mesmo fato, feitos pela mesma pessoa, citados de cor, são os seguintes:

O discurso não vem da boca...
Vem do ouvido.

Ouvir é:
Selecionar, organizar, hierarquizar
e atribuir pesos e medidas
àquilo que se ouve.

Ouvir é construir uma narrativa!
Ouvir, para qualquer pessoa é uma decisão,
mas o terapeuta,
mais do que ninguém,
deve ouvir aquilo que decide.

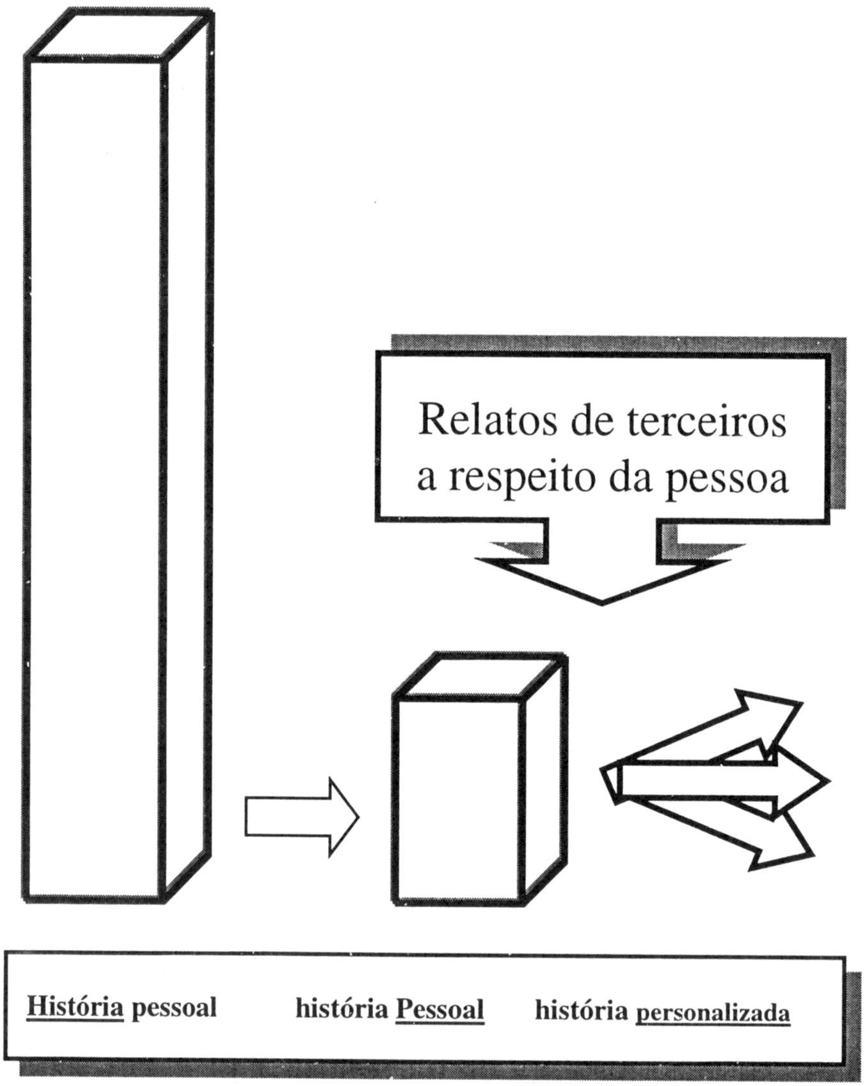
Relatos de terceiros
a respeito da pessoa
História pessoal
história Pessoal
história personalizada

Figura 4

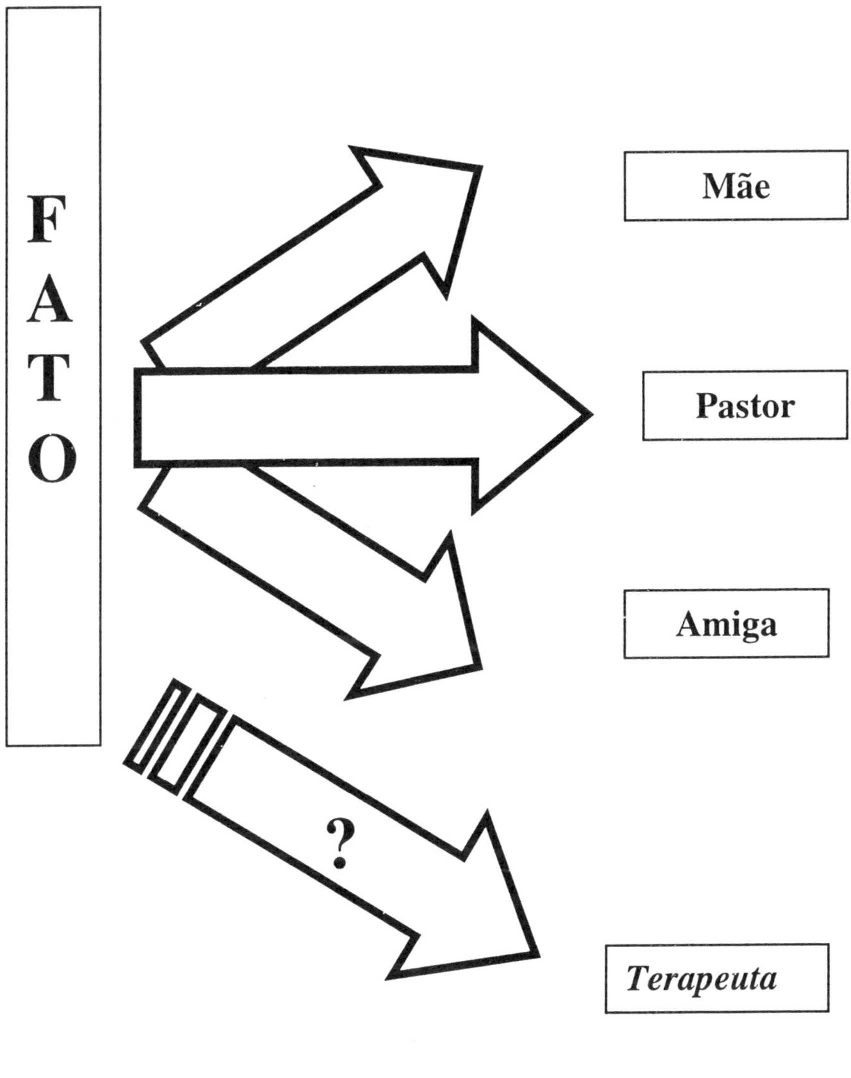

Figura 5

Para a Amiga: *(Rindo com entusiasmo e expressando uma forte emoção.)* Finalmente!, saí com ele. Ele é Lindo! Fomos ao Parque da Cidade. Passeamos. Rolaram uns amassos. Foi bom demais! Não sei se vai continuar rolando alguma coisa, mas valeu, gostei, mexeu comigo.

Para a Mãe: *(Séria, meio encabulada, mas com um riso um pouco nervoso.)* A senhora lembra daquele rapaz que eu tinha falado? Sabe, aquele que eu gostava dele? Ontem a gente se viu. Conversei muito com ele. Acho que é um rapaz legal, ele foi muito simpático. Gostei, ele é muito sério.

Para o Pastor: *(Totalmente séria e bastante nervosa. Experimenta dificuldades para começar o seu relato.)* Queria contar para o senhor que conheci um rapaz muito sério, ele é da nossa igreja, o senhor sabe. No outro dia conversamos muito, falamos do Evangelho. Gosto muito de conversar com ele. Ele é muito responsável. Vamos continuar nos vendo e conversando.

O relato quando sai, sai com uma feição que, por estar destinada a alguém específico, tem, até certo ponto, a "cara do interlocutor". A *história **personalizada*** seria, pois, aquela que toma um elemento da *história Pessoal* e o elabora visando atender à "demanda", também específica, do interlocutor. É uma forma particular de se contar, que depende da pessoa diante da qual se fala. O discurso é cortado na medida do interlocutor ou, simplesmente, "cabe" no continente constituído pela relação de ambas as pessoas. [Ver figura 6.] Para ampliar a nossa visão do tema, demos uma olhada no que, falando de História, disse Bloch.

> *Compreender, porém, nada tem de passivo. Para fazer uma ciência serão sempre necessárias duas coisas: uma matéria, mas também um homem. A realidade humana, como as do mundo físico, é enorme e variegada. Uma simples fotografia, supondo mesmo que tenha sentido a idéia de uma reprodução mecanicamente integral seria ilegível. (...) Como todo o sábio, como todo o cérebro humano, o historiador escolhe e aparta. Em suma, analisa."* (p.p. 165-6) *A ciência só recompõe o real para melhor o poder observar, graças a um jogo de fogos cruzados cujos raios constantemente se combinam e interpenetram. O perigo só começa*

quando cada projetor pretende ser o único a ver tudo; quando cada cantão do saber se toma por uma pátria. (...) Da vista que tenho da minha janela tira cada sábio o que lhe pertence, sem ter muitas preocupações com o conjunto. (BLOCH, M., 1997, p. 167.)

—Ele faz referência ao papel daquele que "ouve" a História, de sua "seleção" ao se deparar com os fatos da História.

—A senhora percebe as conseqüências que isso tudo pode ter para o terapeuta, para a terapia?

—É curioso, eu vim aqui para te servir de inspiração, e agora vejo que também estou para começar a entender de terapia... Quais podem ser essas conseqüências?

—Se a pessoa **"personaliza"** sua história dependendo de quem a ouve... a conclusão elementar seria que o terapeuta tem a possibilidade de decidir **quem ele *é*** ao ouvir a história. Se a história é cortada na medida do interlocutor, o terapeuta-interlocutor tem a liberdade de decidir **a sua própria medida**. Edith TILMANS-OSTYN (1999) falando do seu cuidado na hora de ouvir a queixa do cliente sublinha: "Minha preocupação principal fica formulada na pergunta: *o que, enquanto psicóloga e terapeuta familiar*, estaria eu confirmando —talvez sem o saber— se começo imediatamente a analisar a queixa?" (*Op. Cit.*, p. 73, os sublinhados são do autor.) Dito em outras palavras, para que sua escuta seja terapêutica, para se transformar em fator de mudança, o terapeuta deverá decidir qual será a medida que se adequa tanto à pessoa com quem fala, quanto à situação em que ambos se encontram.

—E com isso decidir, em parte, o relato que lhe é trazido?

—A senhora está começando a entender a minha visão da terapia! O terapeuta decide ***que*** escuta propõe e, a partir desse momento, pela sua proposta de escuta, já pode estar contribuindo para modificar a história da pessoa. [Ver figura 7.]

—A *história* ***personalizada*** ou a *história* ***pessoal.***

—Esse seria o ponto. A mudança na *história* ***personalizada*** feita pela pessoa que fala, já estaria exercendo uma influência na *história* ***pessoal.*** Porque ao mesmo tempo que fala para o terapeuta, a pessoa ouve o que está dizendo, e ouvir-se dizendo coisas novas e diferentes terá um impacto importante para ela, o que passará a ser um elemento fundamental do seu processo de mudança.

Isso é, *mutatis mutandi*, [basta trocar texto ou documento por relato do cliente] o que afirma Bloch:

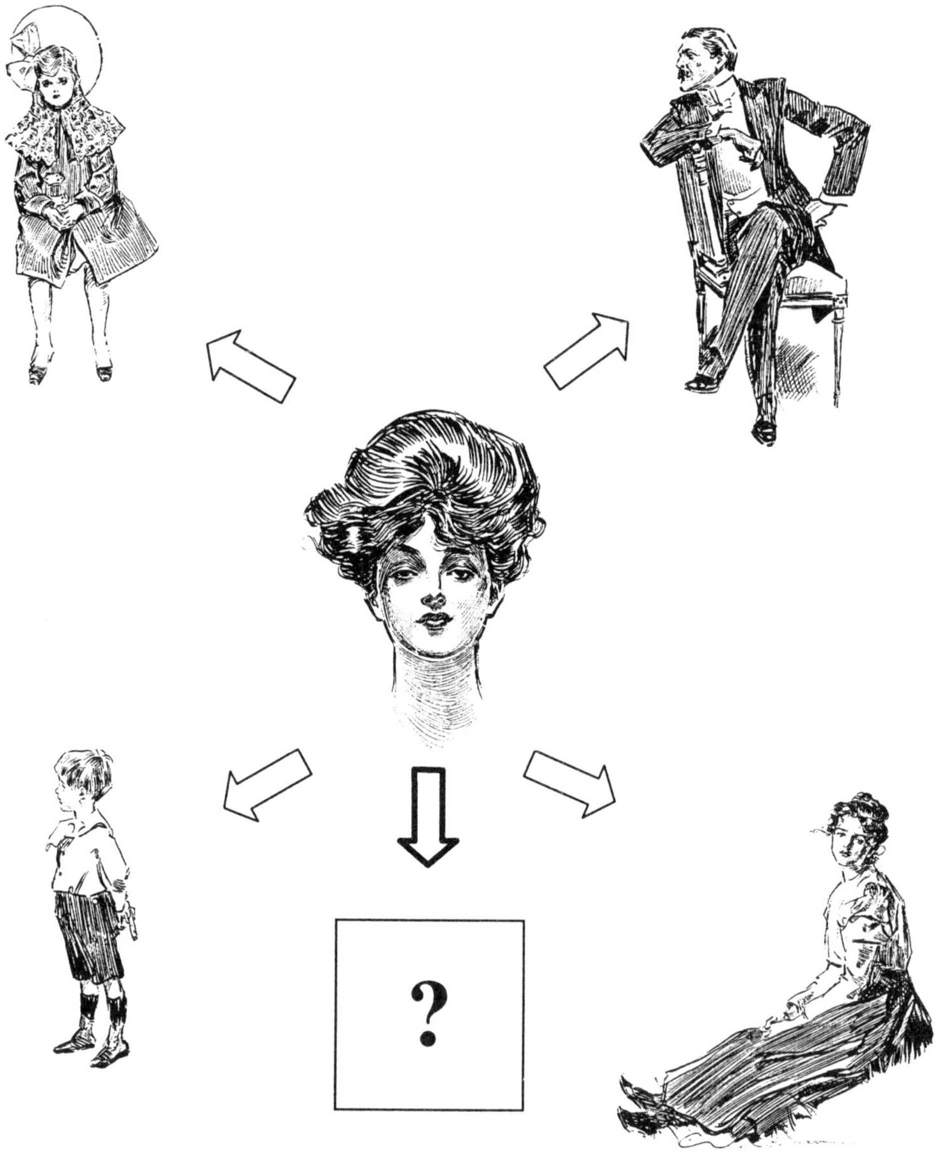

Quem é o terapeuta enquanto escuta?

Figura 6

> *Porque os textos, ou os documentos arqueológicos, mesmo os mais claros na aparência e os mais condescendentes, só falam quando se sabe interrogá-los (...) Velho medievalista que sou, confesso que quase não conheço leitura mais atraente que um cartulário. É que sei o que lhe hei-de perguntar. Já uma coleção de inscrições romanas, em contrapartida me diz pouco. Sei lê-las, menos mal, mas não sei provocá-las. Por outras palavras, a investigação histórica admite, desde os primeiros passos, que o inquérito tenha já uma direcção. De início está o espírito. Nunca [em ciência alguma] foi fecunda a observação passiva. Supondo, aliás, que seja possível.* (BLOCH, M., 1997, p. 113.)

—O importante aqui é a questão que fica em aberto: Qual será o relato que a pessoa, o cliente, apresentará ao terapeuta?

—Sim! E por outro lado, resumindo, o terapeuta tem a possibilidade de decidir quem é ao ouvir. Ouvir também é selecionar, organizar, hierarquizar e atribuir pesos e medidas ao relato. Quando se ouve... se constrói uma narrativa! No desempenho da sua função, o terapeuta, mais do que ninguém, ouve o que decide...

—Então não se deve ficar falando do que o cliente fala como se fosse algo que vem de fora... já feito!?

—Não, porque aquilo que os nossos clientes nos falam é, em boa medida, aquilo que nós somos capazes de suscitar neles. A primeira e mais importante pergunta que devemos colocarmo-nos quando nos sentimos insatisfeitos com o relato de um cliente seria: *qual é a minha parte nessa história?* E é também nessa parte que devemos ser mais críticos e fazer nossas melhores e maiores intervenções.

Estamos claros? Mas esse ponto abre a porta para uma outra dimensão que preciso apresentar-lhe... temos também a *história...*

—Como? Vais me dizer que, para o terapeuta, as pessoas têm ainda mais histórias?

—Por incrível que pareça, sim. Deixe-me explicar-lhe. A existência dessas várias histórias das quais falávamos, colocam-nos diante de uma nova possível constatação que já lhe havia anunciado:

História interna e história externa

—Cada pessoa tem tanto uma *história* ***interna*** quanto uma *história* ***externa.*** A ***História*** *pessoal*, na sua parte constituída por fatos, é externa, sua

Figura 7

parte constituída por sensações, emoções e sentimentos é interna. [Ver figura 6.]

A *história* ***Pessoal***, seria, em princípio, interna (as emoções, sentimentos e afetos guardados), mas se observamos mais de perto, perceberemos que inclui uma parte externa: as narrativas ou relatos de terceiros a respeito da pessoa. [Ver figura 8] Esses relatos poderão ter, no decorrer da vida, uma grande influência para a pessoa. Por outro lado se, como afirmo, a história se *personaliza* ao ser contada a diferentes interlocutores (ver o exemplo da moça e o rapaz, relatado na página 35), teremos também que a *história* ***pessoal*** tem uma série de pontos externos de apoio.

—À medida que avanças, tuas colocações vão-se tornando mais complexas, e ao apresentares o dito sob forma de quadro, de gráfico, facilitaste as coisas.

—Então, está na hora de ir um pouco além. Aprofundemos nas noções que interessam ao terapeuta familiar.

Precisamos fazer uma divisão dessas histórias **externas**. As histórias que outras pessoas "conhecem" ou contam a respeito de uma pessoa. Esse fluxo de versões sobre o que é uma pessoa, alimentam e contribuem para modificar, para (co)^{n}struir (MOLINA-LOZA, 1996) a pessoa e sua *história* ***Pessoal*** e algumas das suas *histórias* ***Personalizadas***. Estas histórias externas podem ser classificadas em dois tipos: *histórias* ***Qualitativas*** e ***Quantitativas***. [Ver figura 9.] As primeiras, determinantes na formação de qualquer indivíduo, são aquelas contadas —sobretudo na fase da sua formação, mas que mesmo depois de adulto podem continuar tendo um peso considerável— por aquelas pessoas mais próximas e importantes para ele: pai e mãe, em primeiro lugar, mas também irmãos, avós e figuras de destaque como professores e outras pessoas com ascendência sobre ele. As quantitativas, seriam as histórias, sobre uma determinada pessoa, difundidas em uma comunidade (colegas de sala de aula, vizinhos, colegas de trabalho, amigos em geral) e que são "devolvidas" a essa mesma pessoa, sob forma de comentários e, particularmente, de expectativas. Todas acabam contribuindo, de maneiras diversas, para que a pessoa chegue a ser o que ela é. E é isto que nos leva muitas vezes a chamar os avós de uma família: queremos que falem, enquanto pais, dos seus filhos, de como eram quando pequenos, das dificuldades que tiveram com eles. Essa **história externa** (em relação com a família nuclear que estamos atendendo) acaba sendo "uma descrição metafórica do presente" (KEITH, D., 1998).

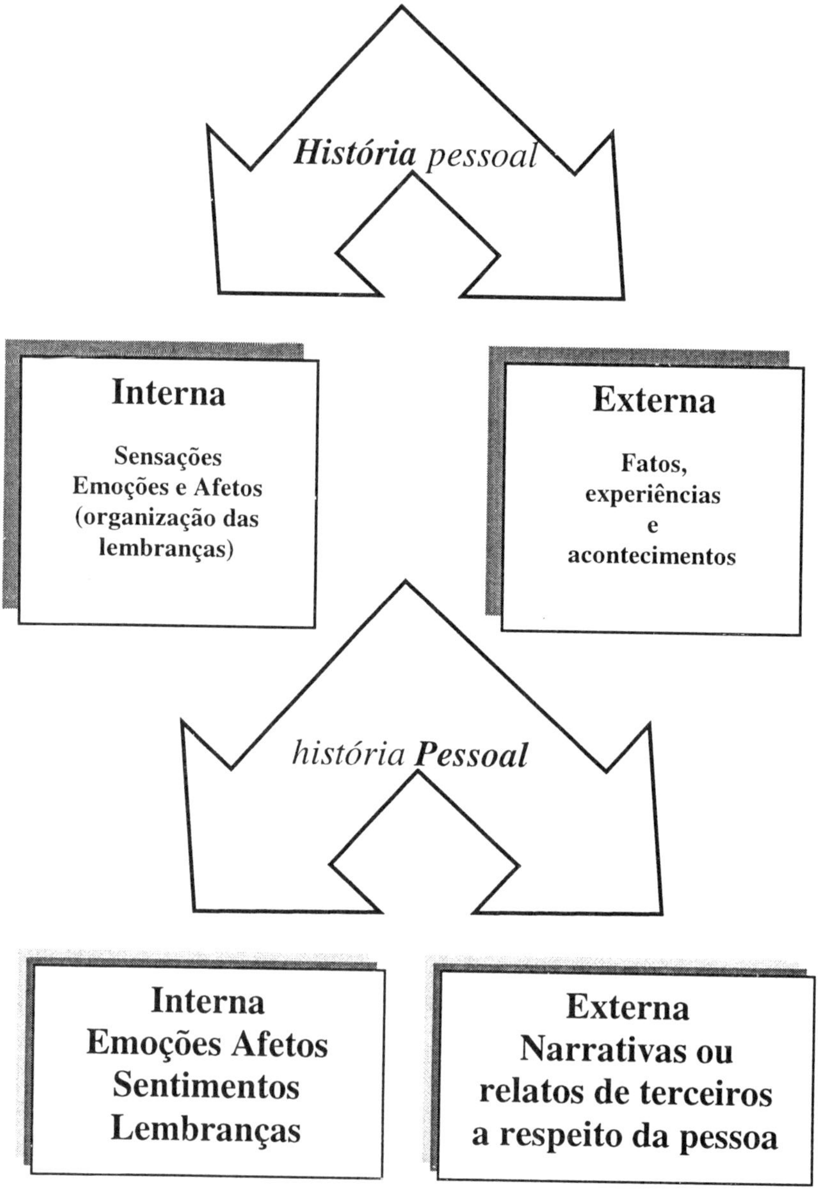
História pessoal
Interna
Sensações
Emoções e Afetos
(organização das
lembranças)
Externa
Fatos,
experiências
e
acontecimentos
história Pessoal
Interna
Emoções Afetos
Sentimentos
Lembranças
Externa
Narrativas ou
relatos de terceiros
a respeito da pessoa

Figura 8

—Estarias falando do papel do contexto ao qual faz referência Bloch?

Em suma: nunca um fenômeno histórico se explica plenamente fora do estudo do seu momento.. E isto é válido para todas as etapas da evolução. (BLOCH, M., 1997, p. 94.)

—Sim, como sabe, essa é uma preocupação importante e constante dos historiadores, eles percebem com clareza a importância da "opinião" sobre a pessoa:

Nenhuma pessoa duvida quando todos os outros crêem: ao nível da própria percepção, os psicossociólogos demonstraram o poder da opinião de um grupo coerente sobre seus membros (efeito Sherif: o que meus olhos vêem é em parte social; efeito Asch: a sociedade pode impedir-me de crer em meus olhos); duvida-se menos ainda quando uma opinião possui um apoio institucional e quando modela a conduta: é então mais confortável "reduzir a dissonância entre a sua própria conduta e seu pensamento, para falar como Leon Festinger, e crer assim como se comporta." (VEYNE, P., *in* LE GOFF, J. e NORA, 1995, p. 78)

—Isso tem muitas implicações!

—Não sei em termos gerais, mas para a prática da intervenção terapêutica sim.

—Significaria, simplesmente que, fora a ***História** pessoal*, que não muda, porque é constituída pelos fatos passados —que não podem ser mudados—, a intervenção terapêutica poderia ser orientada para cada uma dessas diversas histórias?

—Não digo? A senhora já está parecendo terapeuta! Essa é minha idéia. As diversas histórias, com as suas respectivas possibilidades de transformação, podem ser outros tantos caminhos de acesso à mudança.

Falemos, em primeira instância, do que já parece até lugar comum: quando conhecemos o passado, podemos melhor conhecer o presente. E, agreguemos, o conhecimento do presente da pessoa, permitir-nos-ia melhor investigar o seu passado:

[Igualmente essa solidariedade das idades terá tanta força que entre elas as ligações da inteligibilidade têm verdadeiramente um duplo sentido. A incompreensão do presente nasce fatalmente da ignorância do passado. Mas não vale a pena esgotar-se para compreender o passado, quando nada se sabe do presente.] Aliás, já contei a anedota: acompanhava, em

Estocolmo, Henri Pirenne. Tínhamos acabado de chegar e ele diz-me: "Que vamos ver em primeiro lugar? Parece-me existir uns Paços do Concelho novos. Comecemos por aí." (BLOCH, M. 1997, p.100)

Agora retomemos o fio da meada: como já havíamos dito, o passado, ou, nas nossas palavras, a ***História*** *pessoal*, não se modifica, porém, a *história* ***Pessoal***, bem como as *histórias personalizadas*, são perfeitamente passíveis de modificação:

> *Que me propiciam elas senão, mais ou menos grosseiramente expressa, a imagem que os meus interlocutores têm do que eles próprios julgam pensar ou* a imagem que desejam dar-me dos seus pensamentos? *Eles são os pacientes da minha experiência. Mas, enquanto um fisiologista, ao dissecar uma cobaia, vê com os seus próprios olhos a lesão ou anomalia que buscava, eu só conheço o estado de alma dos meus através do quadro que eles próprios aceitam dar-me.* (BLOCH, M., *op. cit.*, p. 104.)

—E é justamente essa possibilidade de modificação da história da pessoa que constitui a chave para a compreensão da intervenção narrativa. Por outro lado, sabe, o que alguns historiadores chamam de história não factual, é uma noção que coincide com a minha idéia de *história externa:*

> *A perspectiva da conceituação, fornece seu sentido justo ao que se denomina, em termos de entendidos,* história não factual. *Designa-se por essa expressão uma série de pesquisas na qual a unidade não aparece à primeira vista:* um estudo sobre atitude *dos mercadores genoveses diante da procura da segurança, um estudo sobre a demografia no século XV; esses estudos teriam em comum [o fato] de explorar a longa duração, as evoluções lentas? Não essencialmente. A história não factual se coloca opondo-se à história de outrora, à "história tratados-e-batalhas", esta última era uma história narrativa, escrita ao nível das fontes, ou seja, ao nível da visão que os contemporâneos, criadores de suas fontes, possuíam de sua própria história.* (VEYNE, P., *in* LE GOFF, J. e NORA, 1995, p. 70. Os sublinhados são dos autores.)

—Claro que não se trata de uma atitude consciente, são fenômenos totalmente inconscientes. As pessoas não sabem até que ponto sua própria história de vida é, ou pode ser, modificada pela história externa. Mas, para o terapeuta isso, além de ser claro, deve ser aproveitado como um instrumento privilegiado de mudança.

Com efeito, para compreender a ordenação das sociedades humanas e para discernir as forças que as fazem evoluir, é importante dedicar uma igual atenção aos fenômenos mentais, *cuja intervenção incontestavelmente é tão determinante quanto a dos fenômenos econômicos e demográficos. Pois não é em função de sua condição verdadeira, mas* da imagem que constróem *e que nunca fornecem o reflexo fiel, que os homens pautam a sua conduta. Eles se esforçam para conciliá-la com modelos de comportamento que são o produto de uma cultura e que mais ou menos se ajustam, no decorrer da história, às realidades materiais.* (DUBY, G., *in* LE GOFF, J. e NORA, 1995, pp. 130-131.)

—Agora quero voltar a um ponto importante. Qual é a importância prática que teria em terapia o fato de se saber se o relato corresponde àquilo que aconteceu ou não?

—Ah!, lembro-me que querias que não te deixasse esquecer o tema. Sim, e qual é?

—Teria muitos exemplos para lhe contar, alguns deles são engraçados. Mas antes, quero que vejamos como se posiciona o historiador diante do problema:

De todos os venenos capazes de viciar um testemunho, o mais virulento é a impostura. (p.130)

Mas verificar o embuste não chega. É preciso descobrir-lhe também os motivos. Quanto mais não seja para melhor o identificar como tal. Enquanto continuar a haver uma dúvida acerca das origens do embuste, fica nele um resíduo muito rebelde à análise; e, por conseqüência, o embuste fica apenas meio provado. Além de que uma mentira, como tal, é à sua maneira um testemunho. (p.131-132)

Não é menos verdade que muitas testemunhas se enganam com inteira boa fé. (p.136)

Acrescente-se que, não sendo os testemunhos propriamente se não a expressão de recordações, os erros iniciais da percepção correm sempre o risco de se confundir com erros de memória, dessa fluida, dessa coleante memória...(p. 137.) (BLOCH, M., *op. cit.*)

—Da mesma forma que o historiador, o terapeuta se defronta tanto com o "erro", quanto com o embuste.

A comunicação interpessoal pode ser adulterada de várias formas, para proporcionar aos outros uma imagem de nós mesmos que não corres-

ponde, ou que corresponde apenas em parte, à autenticidade dos processos de experiências e de emoções dos quais somos constituídos. *Todos nós, em larga medida, recitamos uma parte sobre a cena da vida, que corresponde àquela que queremos representar, segundo certos paradigmas recebidos da nossa cultura. E por isso colocamos, por assim dizer, uma máscara no rosto.* (TULLIO-ATLAN, C., 1996, p. 189.)

—É justamente a tentativa deliberada de enganar o terapeuta —o embuste— que mais pode nos perturbar, tirar-nos do prumo. Já pensou, um terapeuta reduzido ao papel de "juiz" que deve determinar se os seus clientes estão falando a verdade ou não?

—E vais apresentar algum exemplo?

—Vou sim. Refletindo sobre o tema, lembro de duas situações... Com os casais, algumas vezes eu tenho vontade de estender uma faixa com grandes caracteres dizendo: **Querem me enlouquecer.** Um disse uma coisa, o outro, indignado, reclama e afirma o contrário (quando não afirma que o primeiro é um mentiroso). A senhora queria exemplos, então vamos lá. Um mesmo casal fornece-me o exemplo de ambas as situações:

É um alçapão ou um... alçapinho? É um camundongo ou uma ratazana!?

A mulher se queixava, amargamente, do desleixo e abandono do marido para com a casa. Depois de muito discutirem, a mulher me disse: "Molina, você precisa ver, lá em casa tem um alçapão enorme, ele nunca o fecha e outro dia saiu de lá uma ratazana gigantesca. Eu já cansei de pedir-lhe que faça alguma coisa, ele nada!" Na sua vez de falar, o homem me disse com um sorriso meio irônico: "Molina, alçapão que ela fala, você precisaria ver, é um alçapinho! A ratazana... o outro dia, uma única vez, dito seja de passagem, apareceu um pequeno camundongo... aquilo não poderia fazer mal a ninguém, não justifica todo esse barulho!"

Percebe? Há nessa história uma clara diferença de percepção, ou, dito em outras palavras, estamos diante de duas realidades igualmente válidas. Eu acredito que não se trate de nenhum embuste. Agora, com eles mesmos eu me vi colocado em uma situação de embuste. A queixa da mulher era que ele deveria ter uma outra mulher. Vivia reclamando. O homem sempre dizendo que não. Diante das acusações ("Por que então você não faz amor comigo, é impossível que um homem fique tanto tempo sem transar!") Ele respondia: "Já resolvi esse problema, você não sabe que estou tomando remédio contra a pressão alta... isso tira a vontade...." Mas a mulher sempre encontrava indícios das supostas traições do marido. Em uma certa altura do trabalho, o homem falou: "Eu nunca minto."

—E aí tu...

—Eu tive a impressão de que, ao dizer isso, estava sendo totalmente honesto. Que ele tinha um particular orgulho da sua condição de não-mentiroso. (Ele era estrangeiro e o falou em um tom de: "nós não mentimos".) Peguei o gancho e disse para a mulher: "Gostaria que me fizesse um favor pessoal. Quero que olhe fundo nos olhos do seu marido e pergunte para ele se tem ou não tem outra mulher." A mulher, contrariamente ao que eu esperava, desconversou e não quis fazer a pergunta. Foi a minha vez de ficar bravo. Disse-lhe: "Eu lhe pedi um favor e quero, faço questão que lhe pergunte!" Quando a mulher fez menção de perguntar, foi o marido quem tentou desviar a conversa. Intervim de novo, com firmeza. Finalmente a mulher conseguiu fazer a pergunta seriamente. Quando ia começar, foi interrompida, o marido disse: "Não acredito que você vai me fazer essa pergunta ridícula!" Novamente cortei o barato e disse: "Eu estou pedindo que a faça!" A mulher fez a pergunta. O marido olhou para mim e disse: "Nunca imaginei que você fosse me pegar, mas me pegou, você é muito inteligente." Eu me limitei a responder: "Não tinha intenção de pegar ninguém, só queria participar da busca de possibilidades de crescimento para os dois, de um relacionamento honesto, no contexto do casamento ou de uma separação, o que fosse melhor para vocês."

—Como reagiu a mulher?

—Contrariamente ao que poderia esperar-se, dada sua atitude anterior, com muita serenidade. Agradeceu e, algum tempo depois, voltou para me dizer que estava muito bem. Haviam-se separado em um contexto de respeito e ela estava satisfeita.

—E a outra história?

—Essa é uma história muito complexa, envolve uma acusação de abuso sexual de um pai com sua filha de sete anos. Mas não lhe contarei a situação agora, levar-nos-ia muito longe. Deixei-mo-la para uma outra ocasião, voltemos ao tema.[1]

---

[1] Para outro exemplo de atitude embusteira dos clientes ver MOLINA-LOZA, C.A. (SDb).

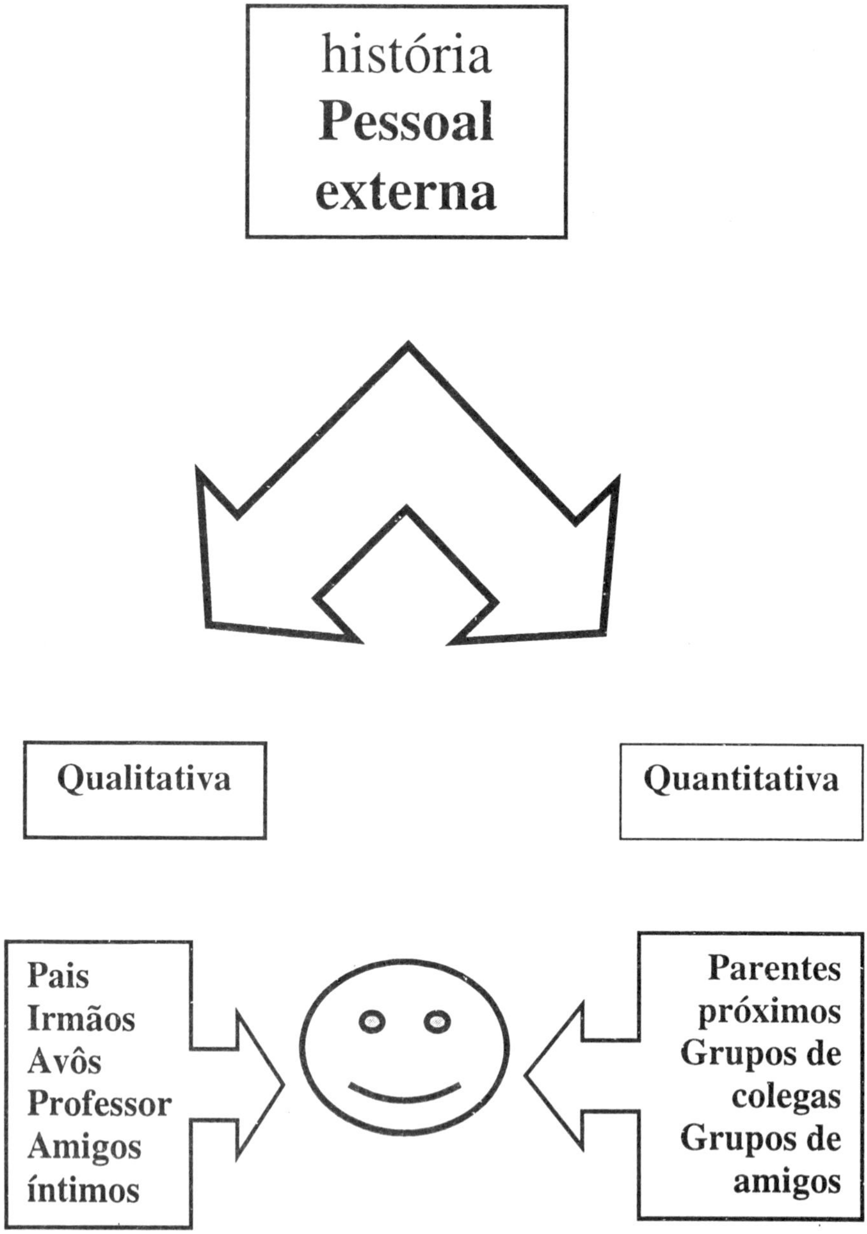
história
Pessoal
externa
Qualitativa
Quantitativa
Pais
Irmãos
Avôs
Professor
Amigos
íntimos
Parentes
próximos
Grupos de
colegas
Grupos de
amigos

Figura 9

—Sim, está explicada a diferença, em terapia, da impostura com a versão, bem como a necessidade de estabelecer quando se trata de uma ou da outra. Agora eu quero voltar ao assunto anterior. Quando estávamos falando sobre a ***história externa***, e a sua poderosa influência, pensei: ela deve ser mais marcante nos primeiros anos da vida da pessoa...

—Sim e não. Claro que em termos absolutos sua afirmação tenderia a ser exata. Acontece que qualquer pessoa pode passar, no decorrer da sua vida adulta, por situações de fragilidade que a expõem mais abertamente ao impacto das histórias externas. Vou contar-lhe uma situação vivida há alguns anos em Fortaleza.

Se sentir um pouco de ansiedade... tome uma bandinha

Um eminente pesquisador da Universidade, que vivia momentos de extrema insatisfação, procurou-me porque não conseguia mais controlar sua angústia com os dois comprimidos que estava tomando. Coisa de uns seis meses antes, depois de muito batalhar, havia finalmente conseguido a tão almejada bolsa de pesquisa no exterior. Era, segundo suas próprias palavras, a "realização de um sonho longamente acariciado" e, porque não dizer, o reconhecimento do seu trabalho enquanto pesquisador". Seriam dois anos de pesquisa em uma prestigiosa universidade estrangeira. Ele deveria viajar, e uns três meses depois, o resto da família seguiria. Pouco tempo antes da sua partida, um amigo psiquiatra disse-lhe: "Imagino que você pode, a qualquer momento, depois da sua chegada, sentir uma certa ansiedade por estar enfrentando uma nova realidade, uma língua estrangeira etc. Nesse caso, vai precisar de algum tipo de medicamento e, o melhor, seria ir prevenido. Leve estes comprimidos. Se sentir um pouco de ansiedade... tome uma bandinha. Caso a ansiedade seja mais forte, não hesite, tome o comprimido inteiro."

A família não chegou a fazer a viagem. Ele nem sequer conseguiu preparar a ida de todos. Muito mais rapidamente do que poderia imaginar, começou a sentir uma ansiedade tão forte que nem com dois comprimidos, dos receitados pelo "amigo", conseguia tranqüilizar-se. O drama, segundo suas próprias palavras era que: "Nem depois que voltei, Molina! Continuo com a ansiedade. Estou tomando dois comprimidos e não consigo ficar tranqüilo!"

—O exemplo é muito claro. Mas, em que medida isso seria uma história externa? Isso não seria o que WATZLAWICK, P. (1980), entre outros, chama de profecias auto-realizáveis.

—Não deixa de ser. Mas não esqueça que, para nós aqui, história pode ser sinônimo de relato, de narrativa. Já voltaremos sobre essa questão.

—Bem, dado que o "amigo", como tu o chamas, não era, suponho, mal intencionado, que poderia fazer para proteger eficazmente o teu cliente?

—Para lhe responder, vou lhe contar uma situação semelhante vivida com uma cliente.

Vais sentir que és a pessoa mais realizada do mundo...

Ela vivia em função de um projeto: ir embora do Brasil. (Veio para mim porque tinha depressão e, sendo assim, jamais realizaria seu projeto: deprimida não trabalhava, não fazia nada.) Reorganizou a sua vida e muitos Cruzeiros poupados depois, estava pronta para a aventura. Quando seus sonhos estavam prestes a se concretizar, começou a ver que o que lhe esperava enquanto imigrante ilegal na Califórnia, não seria um leito de rosas. Eu falei o seguinte:

Assim que estiveres instalada, vais sentir que és a pessoa mais realizada do mundo. Uma vitoriosa. Vais aprimorar teu inglês, descobrir uma nova cultura e suas mil e uma possibilidades. Quando achares um emprego, que vai te possibilitar aproveitar melhor as coisas, essa sensação vai ser ainda mais forte. Haverá, no entanto, diversos momentos em que dirás para ti mesma: 'Que merda!, eu não vim aqui para fazer faxina, eu não ganho o suficiente.' Podes entrar em uma fossa incrível. Eu quero que me faças um favor, assim que chegares, quero que compres uns cartões postais bem lindos, os mais lindos. Quando saíres da primeira fossa e tornares a perceber que estás realizando o teu sonho, que vais continuar aproveitando, quero que pegues um desses e me escrevas: "Molina! Acabo de vencer a minha primeira fossa!' Tu sabes que nossas sensações mudam. Quero que cada vez que venças uma fossa me escrevas e me contes como foste vitoriosa.

—E...

—E que alguns meses depois recebi o primeiro cartão. Outros seguiram. Sempre me davam um grande gosto. Ela continuava vencendo.

—Tu fizeste parte da sua história externa... qualitativa.

—E positiva!

—Perfeito. Agora vamos a um outro ponto. Se é possível estabelecer, com uma certa margem de acerto, quando começa a ***História*** *pessoal* de alguém, ou seja, no lapso que vai da sua concepção até o momento em que nasce, seria também possível determinar quando começa sua *história* ***Pessoal?***

—É curioso que a senhora me faça essa pergunta. Sua resposta não deveria ter, aparentemente, nenhuma importância prática. Mas a verdade é que tem, e muita. Sabe quando se inicia a história pessoal de um indivíduo?, antes mesmo da sua concepção, antes do seu nascimento, quando os pais do futuro bebê começam a fazer projetos em relação a ele, quando começam a conversar sobre ele, a ter expectativas e "construírem" fantasias sobre o seu futuro, sobre como ele será. Essa parte da ***história pessoal externa***, continuará sendo narrada depois do nascimento, cada vez que os pais, ou algum outro membro importante da família, "achem" que o bebê "é a cara do fulano" (o pai, a mãe, um avô etc.) E continuará cada vez que "identifiquem" nele certas características de comportamento (valentia, agressividade, meiguice, etc.)

—Quero que esclareças por que dizes "identifiquem", assim, entre aspas, mas antes deixa-me perguntar: estarias falando da construção de uma mitologia familiar?

—Exato, e disso quero que falemos depois. Respondendo à primeira pergunta, diria, porque, em princípio, o bebê recém nascido estaria muito mais para um potencial quase inesgotável, do que para uma prematura definição das suas futuras aptidões. Essas "identificações" não passam de meras projeções de desejos ou temores dos pais ou dos seus familiares.

—Poderias ser mais claro?

—Bem, deixe-me utilizar as reflexões de WATZLAWICK, P. (1980) a esse respeito. Falando em relação às diferentes especializações dos dois hemisférios cerebrais (dos destros):

> *O esquerdo é especializado na tradução da percepção do meio para representações lógicas, semânticas e fonéticas e na comunicação com a realidade sobre a base desta informação lógico analítica do mundo. Entre suas funções entra, pois, tudo aquilo que está relacionado com a linguagem (a gramática, a sintaxe, a semântica) e com o pensamento estruturado sobre esta base. Entre outros também a leitura, a escrita, o cálculo e, em geral, tudo o relacionado com a comunicação digital.* (P. 24.)
>
> *As funções do hemisfério direito são as seguintes: ele está altamente desenvolvido para a compreensão unitária de conjuntos complexos,*

amostras, configurações e estruturas. Aflora a impressão de que esta compreensão deve estar aparentada com a essência da holografia. Com efeito, em primeiro lugar, é o hemisfério direito que dirige a percepção de uma figura desde os mais diversos pontos de vista e deformações de perspectiva. (...) Em segundo lugar, consegue compreender o todo baseando-se em uma das suas partes. (P.25.)

Na media em que os hemisférios cerebrais permanecem, durante a primeira infância, muito indiferenciados (...) pode admitir-se que são possíveis, na interação entre os pais e a criança pequena, os reforços que conduzem a uma dominância definitiva. Ousaria inclusive dizer que desta maneira, e sob forma de profecia auto-realizável, tende-se a transformar em realidade (...) o mito de que entre os gêmeos univitelinos um é intelectual e o outro artista.. Galin propõe para este modelo de interação a denominação 'solução por motivação', com o que tenta dizer que toma a iniciativa e determina o comportamento o hemisfério para o qual resulta mais importante atingir o resultado correspondente. (P.36.) (WATZLAWICK, P. 1980)

—Os pais, ao "identificarem"' no filho, esta ou outra característica, estariam ***modelando*** a personalidade do filho. [Figura 10.]

—Dito em outras palavras: estariam construindo e, porque não dizer, ***contando-lhe***, sua história pessoal externa qualitativa...

—Antes mesmo de ter nascido ele estaria ouvindo sua própria história!

—Uma história profética...

—Tens razão, creio que é por aí.

—Da mesma maneira, como seguindo J. Viorst, afirma MEYNCKENS-FOUREZ (1999) ao referir-se ao grupo de irmãos: "Se a fratria é um lugar de aprendizagem, em muitos sentidos, pais, irmãos, irmãs, bem como a família ampla podem, sem o desejar, limitar essa ocasião de aprender *definindo de uma boa vez, e de forma contrastante*, as qualidades das crianças, aquilo que Viorst chama de 'desidentificação'. Neologismo que designa a distinção entre irmãos e irmãs, e que determina pra cada um características afetivas e relacionais inversas às do outro. Ficando os filhos divididos entre aventureiro e caseiro, científico e literário." (O sublinhado é do autor. Op. Cit. , p. 63.)

—E a questão do mito familiar?

—Ah!, sim. Parte do que estou chamando aqui de ***história externa*** seria o que Antonio Ferreira designou com o nome de *mitos familiares*.

O nosso filho vai
gostar de pescar...
e vai me fazer
companhia nas
minhas pescarias...
O nosso filho
vai gostar de
muito de arte!
Vai ser muito
sensível e
saber apreciar
o belo...

Figura 10

Um numero de crenças bem sistematizadas, e compartilhadas por todos os membros da família, relacionadas com seus mútuos papéis e a natureza da sua relação. Estes mitos familiares contém muitas das regras secretas da relação; regras que se mantém ocultas, submergidas nas trivialidades dos clichês e as rotinas do lar. [...] Alguns destes mitos estão tão integrados com a vida diária que se convertem em parte inseparável do contexto perceptual com que os membros da família desenham sua vida em comum. Mesmo que para um observador possam parecer evidentes distorções da realidade familiar, estas crenças organizadas —em cujo nome a família inicia, mantém e justifica pautas interacionais— são compartilhadas e apoiadas por todos os membros como se se tratasse de verdades definitivas que desafiam qualquer investigação. (FERREIRA, A.J., in SLUSKI, C., org. 1980, p.p. 153-4.)

—Seria *história externa* para o indivíduo, mas... *interna* se pensarmos em relação a todo o grupo familiar...

—Sim. Por outro lado, quero aproveitar para insistir na força que essa história, ou essa mitologia, têm junto às pessoas:

[O mito] será tanto mais forte quanto esta imagem não corresponderá à realidade. [...] Uma família cujo funcionamento é fixado por regras estritamente preestabelecidas, esforçar-se-á tanto mais por permanecer conforme ao mito que forjou quanto mais ele apareça como a última defesa contra o caos. [AUSLOOS, G., *in* BENOIT, J.-C., org., 1980, p. 69.)

—Para concluir, direi que a noção de ***mito*** não fica confinada às relações familiares:

Em qualquer relação, mais cedo ou mais tarde, cria-se um mito, pois permanece uma margem de ambigüidade, de algo não expresso: no processo de construção de ligação e do conhecimento recíproco, esses vazios de informação são preenchidos pela ***formação de estereótipos que induzem os participantes a comportamentos específicos****, funcionais à manutenção do vínculo.* (ANDOLFI, M., & ANGELO, C., 1989, p.78.)

—Voltamos, de certa forma, à noção de ***história externa***....

—Exato. Agora...

—Aguarda. Se não estou mal informada, a terapia sistêmica constrói-se a partir da idéia de que é no aqui e agora que devem ser resolvidos os problemas. Estarias propondo que se volte cinqüenta anos e que se faça da história o cerne da questão?

—Obrigado pela colocação. Preciso esclarecer esse tema. Uma das posições mais radicais no nosso campo no que diz respeito à questão do passado é a expressa por HAILEY, J. (1998). Falando de coleta de informações ele chega a afirmar:

> *Não se deve ensinar a tomar o* ***histórico*** *social, nem a fazer o genotograma de um indivíduo ou de uma família.. (...) não é indicado porque define a terapia de maneira indesejada. Transmite a idéia de que a terapia é sobre o passado, quando na verdade, seu enfoque está no presente e no futuro. A situação social do cliente deve ser explorada na ação da entrevista e não isoladamente.* (*Op. cit.* p. 171.)

—Então, trabalhar-se ia com a pessoa, naquele momento, sem levantar o véu da sua história, estás vendo?

—Claro, mas eu não sou obrigado a concordar com o extremismo de Haley, por um lado. E, pelo outro, nos exemplos que ele próprio cita do seu trabalho, encontram-se inúmeras situações nas quais as suas indagações foram orientadas para a história do indivíduo ou da família em tratamento. (Ver particularmente no trabalho citado, página 161, a intervenção de Haley realizada a partir das indagações "históricas" feitas por ele próprio. Nem os mais ferrenhos defensores de uma teoria conseguem sempre aplicá-la de forma "coerente".)

A preocupação com o passado é algo inerente ao ser humano. É impossível imaginar um ser humano que ignore o (seu) passado. E qual a vantagem desse conhecimento?

> *A exigência de encontrar, através do passado, uma identidade própria, pessoal, étnica ou do ser homem, é uma característica universal da cultura. O fato é que em nenhum caso o futuro pode ser previsível —e pelo pouco que possa sê-lo— sem um conhecimento do passado, e tal conhecimento é o único instrumento que possuímos para formular qualquer hipótese sobre o x da equação: passado + x = futuro.*
>
> *Cada fragmento do passado pode, certamente, ter uma função para dar-nos uma mínima confiança no futuro. As vivências passadas da família ou da comunidade, as origens do clã ou da tribo, as experiências e as vicissitudes do homem no território, são parte de uma bagagem à qual não podemos renunciar.* (ANATI, E, 1992, p. 12.)

—Essa preocupação com o passado que, vivida no presente através de inúmeras manifestações, pode servir de ponto de partida para a construção de um futuro diferente.

—O que, de maneira alguma, significa um retorno às abordagens intermináveis de buscas (também intermináveis) de supostos conflitos submergidos nos primeiros anos da vida das pessoas.

—Que dirias, depois de toda esta viagem histórica, da palavra do terapeuta, da história que ele conta? Como se posicionar?

—De forma resumida diria que, tendo consciência de que sua versão nada mais é que uma das possíveis —nem mais verdadeira, nem mais falsa do qualquer outra— apenas uma versão que, levando em conta a existência de outras possíveis, surge como aquela que pode provocar esse contato pessoal que servirá de ponto de partida para novas construções. Seria um erro muito grave pensar que se "vê o outro como ele realmente é".

> *Nossas decisões são subsidiárias do marco de construções conceituais em que colocamos o problema que enfrentamos. Se não somos conscientes do "efeito marco" ("framing") não compreendemos que a perspectiva que adotamos para enquadrar uma situação não é única possível, nem é necessariamente a melhor em circulação. O caso mais grave é o daqueles que não pensam que estão vendo as coisas de um particular ponto de vista, mas que têm certeza de estar vendo as coisas como realmente são.* (MANTOVANI, G., 1998, p. 69.)

Capítulo III

Inspiração é que não falta...
(ou da chegada de Talia e Melpomene)

Nossa conversa teria ido longe se eu não houvesse percebido que, mais uma vez, havia alguém observando. Para o meu beneplácito, desta feita, como já estava acostumado, limitei-me a deliciar-me com a situação.

Deliciar-me? Sim, por um lado pela reação de Clio, quando percebeu de quem se tratava. Por outro, porque as duas "intrusas" rivalizavam em beleza com Clio...

—Vocês também... o que é que estão fazendo aqui?! — Exclamou.

—Por enquanto nada, a não ser ouvir a interessante conversa de vocês dois, disse Talia, de quem eu ainda não sabia nem o nome nem quem era, o que me levou a fazer a pergunta:

—Mas vocês se conhecem? [O que, reconheçamos, eu não teria perguntado se fosse menos ignorante.]

—Desculpa, interveio Clio, eu deveria ter começado pelas apresentações. O fato é que não esperava pela presença delas. Mas vamos ao que interessa: esta é Talia e aquela ali é Melpomene.

—É um prazer... limitei-me a dizer, sem que, no caso, a frase feita tivesse nada de artificial.

Eu sentia que algo de importante estava por acontecer e, naquela companhia... esse importante só poderia ser belo.

—Melpomene é a musa da tragédia e Talia o é da comédia...—Deixa que eu explique, adiantou-se Melpomene. Faz um tempo que nós duas estamos os acompanhando. No começo pareceu-nos estranho que Clio estivesse às voltas com alguém que não fosse, a rigor, um historiador.

—Mas, o desenrolar da conversa —interrompeu Talia— levou-nos a compreender que ela estava certa quando havia decidido inspirar-te. Tu não és, a rigor, um "escritor", porém...

—Estás sempre às voltas com a tragédia humana —retomou Melpomene— e quando escutas, ou quando retomas o relato à tua maneira...

—Costumas fazer uso do humor —disse novamente Talia— sabes ver o lado cômico das diversas vicissitudes da vida.

—Percebes agora onde é que nós entramos? Retomou Melpomene.

—Como inspiradoras, certamente... balbuciei. Mas eu... não saberia dizer como...

—É simples. Disse Talia. Lembras que durante tua última viagem, pouco antes de embarcar percebeste, de repente, que estavas no interior de uma pequena livraria? Não tinhas idéia de como havias chegado lá... não buscavas nenhum livro em particular, tuas provisões de leitura estavam completas (tinhas no teu embornal com que te ocupares pelos menos durante dois meses!)

—Quando estavas no umbral da porta, pensando que estava na hora de ir... ouviste um eco que te chamava de volta. —Acrescentou Melpomene—. E, sem mais, voltaste sobre os teus passos. Maquinalmente tocaste as lombadas de uma série de livros sobre os quais já havias passado. Mas, desta feita, tua mão se deteve em um volume fininho, ali estava o Eco.

—Em poucos minutos estavas absorto na leitura. —Interveio Talia.— Era uma leitura inspirada...

—Por nós! Falaram ambas ao mesmo tempo.

—Por quê? Foi a vez de Melpomene continuar. Porque há muito tempo estamos trabalhando na tua inspiração. Já fizeste muita coisa inspirado por nós... escreveste toda uma série de contos e narrativas que, sem nossa inspiradora ajuda, nunca teriam sido criados. O que pretendíamos, ao te levar a ler o texto de Eco, era que soubesses dar nome a algumas das coisas que vens fazendo. Que fizesses com a narrativa, um pouco o que tens feito com a História, inspirado por Clio.

—Dois coelhos de uma cajadada só, acrescentou Talia. Não apenas terás mais claro o que fazes (e poderás deixá-lo claro também para os teus leitores), como também poderás aprimorar o teu trabalho.

—Para finalizar, vamos ajudar-te, inspirando-te para que encontres as novas narrativas que contarás aos teus clientes. Concluiu Melpomene.

Clio, que havia permanecido calada, saiu do seu silêncio para dizer:

—Então, depois de criticar-me por estar inspirando um não historiador, as senhoras reconhecem que há muito tempo vêm inspirando um não escritor... Uma bela reviravolta!

—Espero que a senhora não dê por encerrada sua inspiradora colaboração... acrescentei.

—De maneira alguma, disse Clio, já sabes, é só precisar, estarei ao teu lado.

—Ótimo, agora, se deres licença, temos trabalho, disse Melpomene dirigindo-se a Clio.

A terapia narrativista e alguns dos seus expoentes

—Antes de te pedir para mostrar exemplos dessa abordagem, quero que nos fales do que fazem os teus colegas.

—Nesse caso, creio que deveria apresentar-lhe uma amostra cronologicamente organizada, mas como não pretendo me constituir em historiador do processo, vou limitar-me a falar-lhes brevemente de alguns dentre eles. Creio que devo começar por uma referência à psicanálise e à abordagem junguiana.

Um dos mais célebres trabalhos sobre os contos de fadas e seu conteúdo simbólico-metafórico portador de mensagens terapêuticas, é o trabalho de Bruno BETTELHEIM (1976), no qual, de fato, partindo de uma interpretação psicanalítica dos próprios contos de fadas, explica qual seria sua utilidade prática no trabalho terapêutico.

Isto também é, o que, de certa maneira, faz Marie Louise VON FRANZ (1978), só que utilizando a concepção junguiana. Na mesma linha, só que com uma preocupação eminentemente clínica, temos os trabalhos de Maria VARANO (1988) e Verena KAST (2000). A primeira enfatiza seu trabalho de produção de contos em grupos de formação, bem como sua importância para o processo de crescimento das pessoas. A segunda utiliza fundamentalmente contos de fadas tradicionais na intervenção terapêutica. Após fornecer uma análise junguiana do conto, esclarece como este é utilizado para intervir terapeuticamente.

Uma menção especial merece Clarissa Pínkola Estés, quem assume uma postura bastante radical em relação ao efeito terapêutico das histórias: "As histórias são bálsamos medicinais. (...) Elas têm uma força! ***Não exigem que se faça nada***, que se seja nada, que se haja de nenhum modo — basta que prestemos atenção. ***A cura para qualquer dano ou para resgatar algum im-***

pulso psíquico perdido está nas histórias." (PÍNKOLA ESTÉS, C., 1999, p. 30.) Outros dos seus trabalhos, apresentam histórias que devem transportar a mensagem curativa... (PÍNKOLA ESTÉS, C., 1996, 1998.)

—Além da psicanálise?

—Devo começar com quem talvez seja o mais importante e o mais célebre: Milton Erickson. Para ele, a história terapêutica é aquela que o terapeuta conta ao seu cliente e que pode cobrir um leque muito amplo: pode ir do relato de uma experiência pessoal do terapeuta, passando pela história de um outro cliente, à mais bem elaborada história metafórica (ROSEN, S., 1986, ZEIG, J., 1995, ZEIG, J., SD.)

E já que comecei falando de Milton Erickson, deixe que lhe diga, para mim, a grande maioria dos hipnoterapeutas deveria ser colocada no rol dos terapeutas narrativos. Muitas das induções pós-hipnóticas não são mais do que fragmentos de uma outra história que é contada ao cliente. História a partir da qual ele poderá construir novos derroteiros (ERICKSON, M., 1986; ERICKSON, M., ROSSI, E.L., 1994; MALAREWICKZ, J.A., 1988, 1990; MALAREWICZ, J.A., GODIN, J., 1986; O'HANLON, W.H., 1994; O'HANLON, W.H., WEINER-DAVIS, M., 1994.)

Entre os autores mais destacados poderíamos mencionar, também, Jacques SALOMÉ (1993), quem escreve histórias metafóricas destinadas a transmitir a mensagem terapêutica em uma linguagem simbólica, que, segundo ele, seria facilmente captada pelo inconsciente das pessoas, induzindo-a a buscar os caminhos da saúde. Nessa mesma linha, poderia citar Michel KEROUAC (1996) e Phillipe CAILLÉ e Yveline REY (1988). Estes últimos propõem a redação de contos terapêuticos depois de um período de várias sessões. Nesses contos descreveriam, de forma concentrada e metafórica, as dificuldades apresentadas pela família. Os autores-terapeutas deixam a história no ponto em que se encontra a família, pedindo-lhe que a conclua. A família, ao concluir o conto, estaria contando uma nova história dela mesma.

Eu, também, já falei disso em outro lugar (MOLINA-LOZA, 1996).

—Falta alguém nessa lista?

—Sim. Haim Omer, com ele, que, além de um mestre, é um amigo, aprendi muita coisa. Ele faz um resumo curto e convincente da visão narrativa: "a psicoterapia dever ser considerada como uma re-narrativa e reencenação de histórias pessoais" (OMER, H., 1997a, p. 12) e, mais adiante: "a boa terapia poderia acabar sendo a criação de uma boa história" (*Op. cit.*, p. 45.) Além da ênfase na necessidade de fazer do cliente o herói da história Omer propõe que o "terapeuta deve partir das premissas do paciente e seguir a correnteza da sua história, mas depois deve ajudá-lo a afastar-se dela". (*Op. cit.*, p. 50.)

Haim Omer e Nahi Alon introduzem uma diferenciação entre narrativa empática e narrativa externa.. O ponto crucial que separaria ambas as opções seria o lugar de onde cada uma é feita. Na primeira o protagonista é descrito desde o interior, enquanto na segunda o é desde o exterior. A chave da primeira seria a participação e a da segunda a distância (OMER, H. & ALON, N., 1997, p.7)

—Poderias identificar, entre os terapeutas sistêmicos, além das diferenças, algum ponto em comum para todos eles? Algo que permitiria dizer: isto determina que se tenha uma postura narrativa?

—Posso sim. Quando se fala de narrativa terapêutica propriamente dita, chega até a ser um lugar comum a afirmação de que, ao se construir uma narrativa terapêutica, deve-se levar em conta três elementos. Primeiro, o cliente, seja este um indivíduo ou uma família, deve ser o herói do relato, o protagonista. O relato deve ser plausível e, finalmente, deve abrir perspectivas novas de realização (OMER, H., 1997a).

—Tu, então, concordas com esse ponto de vista...

—Sim e não, e sua pergunta deverá permitir-me fazer uma pequena digressão. Essa questão já me deu alguma dor de cabeça. Minha experiência pessoal indica que, aos três elementos mencionados, que são fundamentais, diga-se de passagem, deve agregar-se um quarto que reveste uma importância, no mínimo, equivalente à dos outros três. A narrativa terapêutica inclui, de forma substancial, o aspecto estético: o novo relato que é proposto deve ser mais *belo* que o relato do cliente. Este deve sentir-se seduzido pela beleza da narrativa. Muitas vezes quando elaboro uma história, ou um conto terapêutico, o primeiro comentário que recebo é o seguinte: "Gostei!" Acredito que o fator estético desempenhe um papel muito importante. Se me fosse permitido ampliar esse "gostei", diria que ele traduz o encanto e a atração que a história provocou e que servirá de estímulo para que o cliente continue nessa trilha. Como dizia antes, se o cliente está conversando com o terapeuta é porque sente que sua história não lhe satisfaz, quer mudar (quer mudá-la [sua história] por outra). O prazer suscitado pela nova história (a sua, porém, belamente modificada), ajuda-o a mover-se no sentido da mudança.

—Mas não disseste porque isso tinha te trazido dores de cabeça...

—Ah!, sim. A senhora deixa que conte isso depois, quando falarmos de como se pode aprender a escrever histórias terapêuticas, deixa?

—Tudo bem, vamos esperar.

—Agora, voltando ao rol desses colegas dos quais estávamos falando, devo contar-lhe um fato interessante. Pouco tempo atrás, durante uma conversa com Salvador MINUCHIN (1977), que estava examinando alguns dos meus textos e, a partir do conhecimento que teve do meu trabalho terapêutico, ele, afetuosamente, disse: "Conheces os trabalhos de Michael White?" Como minha resposta fora negativa, emendou dizendo: "Tenho a impressão de que vocês fazem coisas semelhantes. Deverias lê-lo. Ele é muito importante." Dado que não sou de desperdiçar um conselho como esse, imediatamente procurei preencher a lacuna: li Michael WHITE (1994; e WHITE, M., EPSTON, D., 1994.)

Qual foi a minha sensação? Ambígua. Concordei com Salvador: gosto de fazer muitas das coisas que White faz. Não, nada de ambíguo nessa afirmação? Óbvio, a ambigüidade consiste no sentimento de frustração por não ter publicado muitas das minhas reflexões na medida em que foram surgindo. Nada de mais, uma banal (e muito humana) inveja que já senti inúmeras vezes.

—Agora é tarde?

—De maneira alguma. Isso não impediu que trabalhasse neste livro, que contém, entre outros, o relato de uma terapia realizada há quase dez anos em Fortaleza [ver: Eu quero morrer, página 111]. Por outro lado, além deste livro, estou preparando outros dois, que incluem vários dos meus trabalhos "narrativos", das minhas intervenções "narrativas" feitas naquela época (MOLINA-LOZA, SDa, SDc.)

Tampouco seria tarde se minha atual reflexão contribuir para que aqueles que me lêem ousem ter cada vez mais a dose de encantamento necessária para utilização da narrativa como alavanca privilegiada nos processos de mudança das pessoas.

—Muito bem. Continuemos com as diversas versões da narrativa.

—Sim, as versões narrativas da terapia (ou os terapeutas narrativos) partem do princípio de que uma modificação da narrativa da pessoa modificará a própria pessoa. Isto equivale dizer que uma pessoa é o produto da sua narrativa.

Ouvir a narrativa do cliente, "ler" o "texto-cliente" e construir histórias terapêuticas

—Então vamos ver como é que tu, concretamente, transformas um relato — uma narrativa que te é apresentada por um cliente— em uma narrativa terapêutica.

—Que fale do que faço...

—Eu te proponho que, primeiro, apresentes um relato, tal qual foi colocado pela pessoa, que o transcrevas. A seguir, conta tua história e...

—Depois mostra como e porque fizeste aquilo.

—Quando as senhoras...

—Ei, deixa isso de senhoras para quando estiveres falando com Clio, podes chamar-nos por nossos nomes e falar-nos em tu, de acordo?

—Farei o esforço... sou tímido. Mas tudo bem. Vou apresentar a transcrição do relato que uma colega, Arlinda, fez diante de um grupo de trabalho, sobre uma dificuldade pessoal (dificuldade que, por sua vez, fora vivenciada no momento em que atendia uma cliente):

Eu sentia o coração apertado

"Eu atendi uma senhora que colocava:

—'Vim conversar com você porque preciso fazer uma cirurgia de coração. O médico falou que corro risco.' (Entregou-me vários papéis com o parecer médico e exames). 'Fico pensando, como vou fazer?!... E Antônio —o meu filho— esse menino... é um excelente... mas como ele vai ficar sem mim?!'

Conhecendo sua história sabia que poderia suscitar, através de perguntas, que ela me explicitasse os recursos de saúde de seus filhos, sua atuação como mãe de um homem de 23 anos, seu caçula; a sua fala anterior sobre a frustração de suas realizações pessoais em prol do empenho nos papéis de mãe e esposa. Mas fiquei estática. Eu sentia o coração apertado. Tentava centralizar-me nela, mas meu sentimento...

Não pude controlar. As lágrimas brotaram dos meus olhos. Meio sem jeito passei os papéis que estavam na minha mão para a sua e disse que o que ela falava tinha despertado em mim um aperto no peito, pois eu também estava vivendo um impasse: necessitava fazer uma cirurgia e não tomava a decisão de realizá-la.

E começamos um bate-papo"

—Arlinda estava profundamente emocionada e, a seguir, contou-nos porque:

Eu tive você morta nos meus braços

"Acontece que eu tenho o encaminhamento da equipe médica, que me acompanha desde a minha segunda gravidez para fazer uma ligadura de trompas, esterilização. Quando Hélio e eu decidimos engravidar preparamos tudo para isso, parei de fumar, reformamos a casa e o nosso bebê passou a viver nos nossos planos, na nossa vida. Engravidamos! Uma menina sadia, a nossa alegria. Larissa[1] *é o seu nome. Tudo corria tranqüilamente. No momento do parto sentia serenidade, segurança. Tinha tudo para dar certo. Contudo a médica mostrou-se inexperiente, já sabendo que a criança era grande e que estava com laçada de cordão, tentou realizar o parto normal, induzindo-o. Após alguns minutos iniciado o trabalho de parto, ao ver apontar a criança e não conseguindo liberá-la do cordão, virou-a num golpe pelo pescoço e gritou: 'Meu Deus!' 'Você é louca', disse outra voz. Neste momento senti como que desprendendo do meu íntimo uma energia quente, agradável, suave, harmoniosa. Eu murmurei: 'Minha filha!?! Minha filha morreu!'*

A médica disse: 'Você tem que ser forte, mandei chamar o anestesista, vamos abrir pra tentar tirá-la com vida.'

—Faço qualquer coisa!

Os atendentes me amarraram, seguraram minhas pernas e senti os cortes no abdome. Sem forças até para sentir dor, eu me sentia desfalecer. Não chorava, as lágrimas rolavam, brotavam dos meus olhos. Fechei os olhos. Ouvi: 'Deixa-a quieta, ela só vai acordar amanhã.' Senti a presença do Hélio. Abri os olhos, ele me abraçou. Eu perguntei: 'É verdade?' Ele disse: 'Sim'; e choramos...

Passado o período necessário à recuperação do meu organismo, engravidamos novamente. Um menino: Virgílio. Também é um lindo filho, saudável e é a nossa alegria. Correu tudo muito bem com uma equipe médica escolhida a dedo para o seu parto. Nasceu. E cresce lindo, dia-a-dia.

Quando Virgílio completou 3 anos decidimos ter mais um filho.

O nosso desejo era ter dois filhos. Engravidamos agora de duas meninas. É! Gêmeas. Letícia e Isabela. Foi uma alegria sem tamanho. Tudo corria bem... Num exame de rotina, no quarto mês, o médico notou algo estranho, que não sabia explicar. Pediu ajuda a um colega que realizou doutorado na Inglaterra. Começamos a ficar assustados. Exames, exames, diagnóstico:

---

[1] Com a autorização das pessoas mencionadas neste relato, seus nomes originais foram mantidos. De outra maneira, haveria sido impossível entender o porquê da escolha do Sol e do Vergel como personagens da história.

Síndrome de transfusão fetofetal e préeclâmpsia. Interromper a gravidez!, disse um dos médicos. Fiquei uma fera e os proibi de colocar esta opção para o Hélio. A gestação, bem acompanhada continuou até os 7 meses, quando realizamos o parto.

Até este momento, repouso absoluto, alimentação especial, punção do líquido aminiótico, quase todos os dias. Minha barriga já com 5 meses parecia ser de 9.

O parto foi tenso. Fui para o CTI bem ruim, cheia de cuidados especiais, e, ao atravessar um corredor na maca ouvi: 'Por favor, ela não pode ouvi-los.' Senti a presença do Hélio. Abri os olhos e pedi a ele que ficasse com as meninas e, se acontecesse algo, não as enterrasse antes de eu poder me despedir delas, como aconteceu com Larissa. Pedi a minha mãe: 'Cuide do Virgílio como seu filho até eu voltar, mãe!' Tudo foi-se apagando. Só voltei a mim já no CTI com meu médico segurando a minha mão e dizendo: "você é uma guerreira".

Ele me falou dos cuidados que deveria ter com a saúde a partir de então. Voltamos para o convívio dos outros. Minha Letícia estava morta e Isabela lutava pela vida. Despedi de minha pequena Letícia, a vesti e ela se foi. Lutamos, lutamos, mas a minha pequena Isabela não resistiu... faleceu!

Meu médico foi claro, não é aconselhável nova gravidez. 'Eu tive você morta nos braços. O risco é grande, não compensa.'

Hélio não quer nem ouvir falar em eu engravidar, correr risco.

E eu... não sei!...

Sinto tristeza! Levei quase um ano para retomar o meu equilíbrio, minha saúde."

—Muito bem, e como fazes agora?

—Contas a tua história?

—Sim, aproveito o embalo da minha emoção (confesso que no caso estava em tempo de me debulhar em lágrimas e que, quando escrevia minha própria versão da sua história, engasguei em vários momentos) e vou escrevendo, quase automaticamente.

—Vejamos, então o que escreveste e depois fala dos ***"comos"*** e ***por quês***?

O novo relato que é
proposto deve ser
mais belo que o relato
do cliente.
Ele deve sentir-se
seduzido pela *beleza*
da narrativa.

Figura 10 A

A Fonte que queria dar mais e mais vida

Era uma vez, muitos, mas muitos anos atrás, uma belíssima Fonte. Contam as lendas que suas águas eram tão frescas e cristalinas que tinham conseguido enfeitiçar o próprio rei dos astros, o Sol. De todos os lugares que era capaz de atingir, e olha que ele sabe chegar muito longe, o Sol tinha escolhido essa linda Fonte como seu lugar preferido de lazer e espairecimento.

Todo mundo havia ouvido falar do particular apreço —e até do orgulho— que ele tinha por aquela bela Fonte, sua preferida. Ele, sempre que podia, mergulhava nas suas águas, ficando por longas horas em sua companhia.

A nossa Fonte, por sua vez, amava o seu Sol e sabia do prazer que lhe proporcionava. Cada vez que podia, fazia algo para atraí-lo: aspergia sua brisa com força e tornava mais sonoro o canto das suas cristalinas águas. Mas, ao vê-lo chegar, aquietava-se e deixava-se envolver e penetrar pelos seus calorosos raios.

Tantas foram as horas que passaram juntos e despreocupados, usufruindo da companhia um do outro, que nunca ninguém soube fazer a conta.

Um belo dia, depois de se sentir totalmente envolta e penetrada pelos raios do seu Sol, a linda Fonte quis mostrar-lhe o quanto o amava e decidiu preparar-lhe uma grande surpresa. Fazendo acúmulo das suas forças, foi ficando cada vez mais forte e mais cheia. Quando achou que estava totalmente cheia e que havia acumulado energia suficiente, jorrou com todas as suas forças.

Durante algum tempo sentiu que seus esforços dariam frutos. A fonte ficava, horas a fio, imaginando a satisfação do Sol quando visse o resultado. Infelizmente, no momento em que tudo indicava que seu empenho seria coroado pelo sucesso, uma seca terrível abateu-se sobre a terra, arrasando com uma sementinha de vida que estava apenas brotando. A estiagem estragou os belos projetos da Fonte. Por mais que se empenhasse só conseguia perceber a destruição e, na sua desolação, imaginava a profunda tristeza do Sol ao ver essa vida destruída, o que aumentava sua amargura e sua frustração. A nossa Fonte ficou exausta e muito dismilingüida. Quando o Sol a viu, sentiu que estava tão seca que poderia perdê-la para sempre. Mas não desanimou, prodigando-lhe todos os cuidados necessários para o seu restabelecimento. Tanto fez o Sol, e tão protegida se sentiu a Fonte, que, em pouco tempo, já estava ela fazendo novos projetos de vida.

Ela queria oferecer uma nova vida a seu Sol. Muitas vezes abriu suas águas para sentir o calor do Sol, que tanto fizera cantar suas cristalinas águas. Até que um dia, sentindo-se cheia de uma força muito especial, a Fonte resolveu que havia chegado a hora: daria uma nova vida para o seu Sol. Foi acumulando energia, foi ficando cada vez mais forte e cheia. Preparava-se para ficar mais e mais forte, mais e mais cheia, de tal sorte que sua potência chegasse ao ponto máximo que era capaz de atingir. Quando se sentiu realmente forte e capaz de atingir novas terras, jorrou com muita força. E sua potência foi tal que, quando mandou suas águas pelos ares, atingiu um belo e fértil terreno das vizinhanças. O resultado não se fez esperar, em pouco tempo aconteceram as mudanças que a Fonte almejava. Aquele terreno, para a felicidade da Fonte e encantamento do Sol, chegou a transformar-se em um maravilhoso Vergel.

A cada dia que passava o Vergel ficava mais belo. Como facilmente poderão imaginar, ele passou a ser um dos maiores motivos de orgulho da Fonte e do Sol.

Secretamente, a Fonte observava o Sol, quando estava acalentando o Vergel e percebia sua felicidade. 'O Sol ama a vida!', dizia para si a Fonte. Eu sei dar vida, eu vou preparar uma nova surpresa para ele.

Nesse mesmo dia passou a fazer novos planos. Agora ela tinha mais certeza de que era capaz de criar uma nova vida e, assim, poder oferecê-la ao seu Sol. Pouco tempo depois, a Fonte já estava empenhada no novo projeto.

Um belo dia resolveu: 'É hoje!' E começou a se preparar. Juntou todas as suas forças e foi crescendo, crescendo. Desta feita, a Fonte cresceu como nunca antes. Suas águas sempre tão tranqüilas, cresciam cada vez mais e faziam com que sentisse no seu seio o palpitar da vida, da vida futura. Ela estava determinada, ela daria ao Sol a prova de que continuavam podendo criar a vida.

Cada dia a fonte redobrava seus esforços e fazia crescer suas esperanças. O Sol que amava sua Fonte, que lembrava os momentos difíceis pelos quais haviam passado da primeira vez e que por nada no mundo queria voltar a vê-la seca, lançava seus calorosos raios para esquentá-la e protegê-la. Ele não podia esquecer o que já tinha acontecido e acompanhava com muito temor os esforços e tentativas da sua Fonte.

Quando jorrou sua água com toda sua força, uma nova seca, mais violenta e agressiva que a primeira, assolou a terra. A seca parecia querer acabar com toda a vida que encontrasse a seu passo. Suas primeiras vítimas foram as sementes que já estavam germinando. A Fonte e o Sol nunca desfrutariam do prazer de acompanhar essas novas vidas, haviam perdido mais uma batalha. Mas, não contente com ter destruído o trabalho da Fonte e do Sol, depois de haver matado as novas sementes, a seca, na sua fúria cega, parecia querer acabar com a própria Fonte, que ia ficando cada vez mais enfraquecida, com suas águas diminuindo cada vez mais.

O Sol, que não queria acreditar no que estava vendo, sua Fonte secando, caiu em profunda tristeza. Já não ouvia o canto das suas águas. Essas águas, outrora cristalinas, eram hoje um fiozinho quase sem vida que, de um momento para outro, poderia ser interrompido e morrer. Ele assistia impotente à diminuição progressiva e inexorável da sua Fonte. Que acontecesse qualquer coisa, menos que sua Fonte secasse, pensava. Ele se debruçava sobre ela e tentava trazê-la de volta para a vida, para junto de si.

E a Fonte? Ela parecia ausente, parecia querer secar definitivamente. Não sentia os raios do Sol que queriam reanimá-la. Mas, quando era um fiozinho quase imperceptível, um pouco antes de desaparecer definitivamente, sentiu algo estranho. Parecia que estava chovendo. Isto a reanimou um pouco, a ponto de fazer renascer a esperança. Poderia acreditar? Quando estava se dispondo a fazer um último esforço disse para si: 'Não, não é possível que seja chuva, essas gotas que caem sobre mim. Têm um gosto diferente!' A água da chuva... ela conhecia tão bem, não se deixaria enganar. Essas gotas eram salgadas. 'Como pode ser?' Foi assaltada pela dúvida e, fazendo o que pensava ser um último esforço, disse: 'Preciso averiguar'. Isso a reanimou um pouco e fez com que abrisse seus olhos cristalinos. Qual não seria sua surpresa ao descobrir que essa estranha chuva, que sobre ela caía, nada mais era que o pranto do seu amado Sol que se negava a aceitar que ela teria que secar.

As lágrimas do Sol inundaram e fortaleceram a Fonte que, a partir desse momento, foi ficando mais animada. O Sol que quase havia perdido toda esperança começou a sorrir timidamente e disse: 'Ah! minha Fonte, você não percebe que você é vida? Não, você não tem que dar mais vida, não pode dar sua vida. Nós somos a vida. A Fonte, o Sol e o seu querido Vergel.'

Conta a lenda que a partir desse dia a Fonte se recuperou e passou a amar a vida de uma forma tão forte e tão alegre que todos os viajantes que a conheceram ficaram fascinados pelo seu encanto e vitalidade.

Ela e o Sol voltaram a brincar e nunca mais ela quis crescer e ficar muito forte para irrigar novas terras. Juntos cuidavam do seu Vergel e da sua felicidade.

Quem conhece e já andou por aquelas paragens, afirma que, quando o Sol e a Fonte brincam, ouve-se um belo canto e brilha no céu um maravilhoso arco-íris.

—Bela, realmente bela... disse Melpomene.

—Um elogio da senhora... perdão, um elogio teu faz com que me sinta realizado. E confesso (de novo), que à medida que a ia lendo, minha emoção era cada vez maior. Precisavas ver a emoção da pessoa e das outras colegas. Mais um pouco e nos soltávamos a chorar. Todos!

Análise comparativa das duas histórias

—Agora, disse Talia, proponho que faças algo assim como uma análise estrutural, comparativa, das duas histórias.

—Bem, vamos às explicações. No seguinte quadro comparativo aparecem alguns dos elementos comuns aos dois relatos:

Narrativa da cliente	Narrativa terapêutica
Nome do marido **Hélio**	**Sol**
Nome da mulher Arlinda	Fonte
Decisão de **engravidar**	A fonte começa a **encher**
Erro da médica	**Seca**
Desfalecimento da parturiente	**Diminuição** da fonte
Segunda **gravidez**	A fonte **enche**-se de novo
Nome do filho **Virgílio**	**Vergel**
Beleza do filho alegria da família	**Beleza**, alegria do sol e a fonte
Terceira **gravidez: gêmeas**	A fonte fica **mais cheia** ainda
Perda das gêmeas	Nova e mais **forte seca**
Risco de **Morte**	**Diminuição quase definitiva** da fonte
Lágrimas	**Chuva**
Amor e cuidados do Marido	**Palavras afetuosas** do Sol
Decisão de não mais engravidar	Você é vida

—Tu sempre fazes isso?

—Bem, isto que estou lhes mostrando aqui, é um trabalho feito *a posteriori*, no momento de escrever a história apenas tento deixar-me levar pelo impacto da emoção. Permito que as palavras fluam com uma certa liberdade. As narrativas adquirem vida própria e as coisas vão-se encaixando aos poucos. Porque qualquer pessoa que escute uma história, um relato, irá guardando, mesmo que inconscientemente, os elementos que a constituem, que compõem, por assim dizer, sua trama. Eu vivo dizendo que nós, os psicoterapeutas, somos "fofoqueiros sublimados". Ouvimos um relato, guardamos os seus elementos axiales e... o passamos para frente, modificado com ajuda de uma linguagem simbólica e de diversas metáforas.

—O relato da pessoa sempre apresenta, pois, diversos elementos que podem ser utilizados para a nova construção.

—Sim, e no caso de Arlinda, o quadro anterior mostra quais seriam, *grosso modo*, alguns dos "ganchos" que foram emprestados da "realidade" para a construção do... relato. Já ia dizer o meu relato mas...

—E por que não falaste?

—Porque me parece evidente que não pode ser o "meu"' relato. Ele foi construído em um contexto emocional [emotivo], que além da minha própria angústia, está banhado na angústia de Arlinda.

—Na sua angústia, sim, mas também no seu desejo de encontrar uma saída...

—Perfeito! Eu apenas aproveito aquilo que ela está trazendo e o "arrumo" de uma forma diferente. Eu trabalho com o seu "material", como poderia pretender que se trata de "meu" relato? O mínimo que poderia dizer é que é "nosso" relato. Já Carl WHITAKER (NEIL, J.R. & KNISKERN, D.P., 1990) dizia que ele compartilhava tudo que passava pela sua cabeça quando estava com uma família, porque considerava que, mesmo sendo ele quem havia produzido a fantasia, esta havia surgido no contexto de uma relação, portanto era produto dessa relação. No caso... seria covardia não compartilhar com a família aquilo que, de certa maneira, também lhe pertencia.

—É devido à utilização do "material da sua história", que Arlinda pode reconhecer-se nele?

—Sim, e também é isso que lhe permite devolver-me a afirmação que Haim OMER (1997b) considera ser ***o*** critério fundamental para a avaliação da qualidade da narrativa, a reação do cliente diante do nosso relato, sua exclamação: "Sou eu!" Seria esta resposta que nos confirmaria que estamos no bom caminho.

Há um outro elemento curioso. Quando acabei de ler o texto para Arlinda e o grupo [no meio de uma profunda e indisfarçável emoção] referindo-se as últimas palavras proferidas pelo Sol no conto, Arlinda disse: "Foi exatamente isso que me falou o meu marido!"

—O que viria a significar que, além do "sou eu" o conto provocou uma reação mais abrangente: "somos nós, essa é a nossa história".

—E eu creio que é nesse momento que o cliente, seja este individual ou familiar, apropria-se da história como um todo. É aí que eu acho o aspecto estético fundamental. Se a história, além de outorgar-lhes o papel de heróis, de ser plausível e de abrir novos caminhos, não fosse mais bela... provavelmente não funcionaria.

—Muito bem, agora passemos a outro ponto. Quando refletias sobre o teu trabalho [ver páginas 3 e 40] dizias que o "terapeuta ouve o que quer"... Neste caso tu terias ouvido aquilo que querias?

—Para começar, quero agradecer-te pela colocação. Afirmar que ouvimos sempre o que queremos, significaria que, ao mesmo tempo, estamos afirmando que se trata, em qualquer circunstância, de um trabalho consciente. Não é bem assim. Quando releio os relatos escritos, e lidos ou enviados para os meus clientes, descubro que eles contém elementos que, no mínimo, não foram incluídos de forma proposital.

—Estarias, nesse caso, agindo de forma inconsciente?

—Exato. Porque o terapeuta também ouve de acordo com a pessoa que ele é. Seu ser determina o tipo e qualidade de escuta que realiza.

—Isso não seria muito perigoso?

—Tanto quanto o fato de um cirurgião estar sublimando suas pulsões agressivas quando realiza uma delicada cirurgia de pescoço. O terapeuta pode "reagir" de diversas maneiras, mas sempre poderá elaborar os seus sentimentos e, a partir deles, realizar novas intervenções.

—Podes citar o exemplo de uma situação na qual tenhas percebido que teu relato diz algo que não sabias que estavas dizendo?

—Com certeza. Voltando à história da Fonte, quando a reli, percebi que havia dado uma ênfase muito grande ao papel do Sol. O Sol —a figura masculina— recebe na narrativa um destaque particular. Creio que minha escuta foi... sobretudo masculina. O relato oferece, pois, uma versão do apoio que Arlinda precisa para sair da situação de angústia que vive, mas trata-se, sem dúvida alguma, de uma versão masculina.

—E se ela não contasse com esse apoio de fato?

—A narrativa teria um furo muito grande, ela não permitiria que Arlinda dissesse: "Sou eu! Somos nós!" Também não a emocionaria da forma que o fez.

—Como explicas isso? Isto é, o fato de teres acertado?

—Os bons terapeutas são como os bons goleiros... têm muita sorte! Brincadeira. Creio que se trata de uma captação da mensagem inconsciente enviada pelo cliente. Quando se confia naquilo que se capta inconscientemente, as probabilidades de sucesso são muito grandes.

—E, de alguma maneira, o relato de Arlinda teria mexido contigo devido a alguma experiência pessoal tua? Haveria motivos para provocar uma ressonância íntima?

—É muito curioso que digas isso. Eu nem tinha atentado para o fato! A verdade é que pensando na questão, eu, *mutatis mutandis*, "vivi" uma experiência semelhante.

—Poderias contar?

—Desde muito pequeno ouvi a história da primeira gravidez da minha mãe. Eram outros tempos, é verdade, mas o fato é que devido a um trabalho de parto mal feito, aquela que teria sido minha irmã mais velha, não chegou a nascer... morreu no parto. Foi um golpe duríssimo para os meus pais. A seguir, tiveram outro filho [que não fui eu] e... o resto da história fica para uma outra vez. [Minha mãe faz referência ao fato no prefácio de *Histórias, contadas com amor, para mudar e crescer, Narrativas Terapêuticas I* (MOLINA-LOZA, C.A., 2000).

—Seria importante frisar aqui que a utilização, se é que a houve, da tua própria experiência, foi também inconsciente...

—E também que, se necessariamente tivesse que ser consciente, talvez não fosse tão eficaz.

—Muito bem, terias à mão alguma outra situação em que tendo o relato de uma pessoa, fizeste o trabalho de transformação em uma história terapêutica?

—Curiosamente sim. Mas antes de apresentá-la quero transcrever o relato, que dará um melhor sabor à nossa conversa, feito por Arlinda depois de haver ouvido minha leitura do conto "A Fonte que queria dar mais e mais vida". Eu lhe pedi o comentário para ilustrar o que viria a ser o reverso da moeda da reflexão do terapeuta. Eis pois o comentário de Arlinda.

Comentário de Arlinda

Ouço a voz de Molina, que ecoa a medida que leio e releio, e percebo que há mais alguém ali, na minha história, que sente, vive. Estava tão fechada em mim, na minha dor, no meu sofrimento, que realmente tinha que me sentir só. E só agora apercebo que esta é a nossa história, e não estou só e sim amparada, carregada no colo pelo meu amor. Ele sempre esteve ali presente. Eu o vi quando voltei do CTI e lembro da minha respiração suavizando quando ele me abraça. Ele fala de vida, me leva a tomar decisões, me traz para o meu Vergel, tenho que regar, nutrir — sou mãe... Meu Sol quer precisar de mim como eu dele e juntos temos uma família. Querido Hélio, querido Virgílio aqui estou eu. Isto que te relato é o primeiro relato da ***Fonte que queria dar mais vida.***

Mas hoje, passado, alguns meses, sinto que o que ocorreu foi que a alegria e os planos de família voltaram.

Obrigada! Por eu estar aqui jorrando a vida, neste meu vale, que é o meu paraíso construído dia a dia.

Arlinda

—Que belo! Tenho a sensação de que esta é a melhor parte da história. O ciclo foi fechado...

—Sim, eu também tenho uma sensação especial, é de satisfação, de dever cumprido.

Agora posso atender o pedido sobre outras histórias. Eu levei a reflexão, sobre a construção de narrativas terapêuticas, para outro dos meus grupos de formação e, seguindo a sugestão das colegas, utilizamos a história da "Fonte que queria dar mais e mais vida". Uma delas manifestou uma emoção particular e, por sua vez, contou-nos sua história. Foi ela mesma que fez a transcrição para nós, e essa transcrição que vou lhes apresentar e que nos servirá para fazer o trabalho de comparação estrutural. Eis o relato da colega:

Tenho medo de morrer na cirurgia!

"Há oito anos foi diagnosticado um pequeno mioma uterino, considerado do ponto de vista médico insignificante e normal, já que é comum nas mulheres e que o mesmo é sempre benigno. Mas, com o passar dos anos, apareceram outros e hoje tenho 'n' miomas, sendo alguns deles considerados de tamanho 'muito grande', razão de uma indicação cirúrgica.

Deixando de ser acompanhada pelo meu antigo ginecologista, tive que me adaptar a outro e neste período de mudança/adaptação houve alteração e uma indicação cirúrgica emergente.

Não me submeti à cirurgia e —sabendo de casos semelhantes que são resolvidos com medicação, chegada da menopausa etc.— resolvi ouvir outros médicos. E assim fiz. Consultei três ginecologistas e cada um apresentou conduta diferente do outro, manifestada assim:

- *não faria a cirurgia agora, esperaria mais,*
- *é necessário fazer a cirurgia. Vamos retirar somente o útero, pois os ovários e trompas estão bons,*

deve ser feita uma histerectomia total, ou seja, retirada do útero, ovários e trompas considerando que você tem 48 anos, a menopausa está chegando, tem que fazer reposição hormonal e não pode fazê-la com presença de miomas, além do risco de vir a ter câncer nos ovários, etc.

Diante de tudo isso fico muito confusa, penso que retirar parte de meu corpo, que está saudável, é algo muito agressivo ao meu organismo, portanto, não sei se faço a histerectomia parcial ou total.

Além disso, tem outro fator que me assusta. Tenho medo de morrer na cirurgia, nunca fiz nenhuma outra. Claro, todos nós temos medo da morte, sei disso, como também sei que um dia vou morrer. Daí fico refletindo por que tanto medo de morrer se tenho a certeza de que isto é uma realidade.

Passei então a pensar na família que eu constituí e, olhando de frente para cada um, percebi que a minha preocupação maior é com a Camila que tem nove anos e que depende muito de mim. Camila está crescendo, descobrindo mudanças no seu corpo, dividindo comigo seus segredos. Falamos bobagens e rimos juntas, enfim, está desenvolvendo sua segurança e afetividade femininas.

Penso que, caso eu venha a faltar, Camila sofreria mais que Leonardo e Gustavo que já são independentes e do que Raimundo, meu marido, que é maduro a ponto de aceitar tal mudança em sua vida com mais facilidade.

O que gostaria mesmo era de não fazer esta cirurgia. Mas, por outro lado, encaro também como desafio, no sentido de enfrentar o medo e de confirmar a minha fé em Deus, que tanto prego e pouco pratico.

—Esse foi então o relato...

—A matéria prima de onde sairia o teu próprio "arranjo".

—Eu estou curiosa por saber o que saiu desta vez.

—Vejamos, a continuação, a versão metafórica da história:

O Rei do Mundo e dona Preta, os castores da Floresta

Era uma vez uma floresta muito grande, cheia de árvores e riachos. Nessa floresta vivia uma bela família de castores. Durante muitos anos tudo correu da melhor forma para todos os membros da família Castor. Não digo que tudo correu tranqüilamente porque vocês sabem como são os castores, quase nunca param, são muito laboriosos e estão sempre procurando o que fazer: saem em busca de árvores e galhos para construir suas represas, vivem consertando e aprimorando suas obras. Quando acabam de concluir uma, vão logo ver onde é que podem construir outra melhor que a anterior. Os pais, se param de trabalhar é somente para desfrutar orgulhosamente do espetáculo das suas realizações. Mas, se quisermos fazer justiça, será preciso que digamos que eles, os pais, mais do que das suas construções e das suas modificações dos cursos dos rios, orgulham-se do curso da vida dos seus filhos, os quais, muito cedo na vida começaram a construir suas próprias represas e a organizar seus próprios diques.

O Rei do Mundo, este era o nome do pai da família Castor, não tinha motivos para se preocupar. Ele sempre fora um modelo de castor e nunca havia fugido de um desafio: as mais altas e fortes árvores nada tinham podido fazer para resistir à força dos seus dentes e ao ímpeto de sua determinação. Dos seus filhos, como dizíamos, não tinha queixa, eles seguiam seu exemplo e viviam a vida saudavelmente.

Mas, como muitas vezes acontece, apareceu, no meio de tanta felicidade, um ponto escuro. Um belo dia, o Rei do Mundo descobriu, que sua Preta, isto é, sua companheira de tantas e tantas lutas e construções, estava tendo um comportamento novo, diferente. Ela nunca antes se recusara a participar com ele dos múltiplos desafios que a vida na floresta lhes impunha. Acontece que, ultimamente, ele vinha observando que ela mergulhava nas partes mais profundas do seu lago, demorando a voltar à superfície. Quando resolveu tirar a limpo o que estava acontecendo, percebeu que sua Preta ficava dando voltas nos lugares mais escuros do fundo da represa. O Rei do Mundo não entendeu nada do que estava vendo. (Os castores, às vezes, têm uma certa dificuldade para entender as atitudes e reações das castoras.) 'O que é que está acontecendo?!' Disse o Rei do Mundo para os seus botões. 'Logo ela que sempre gostou das águas mais claras, do contato com os raios do sol, do ar fresco.' Ele estava muito confuso e se perguntava o que poderia fazer para entender e ajudar a sua Preta. De fato, a partir desse momento, ele se sentiu muito preocupado, sentia que algo de grave poderia estar acontecendo com a sua Preta.

Quando dona Preta percebeu que o Rei do Mundo havia descoberto seus profundos mergulhos, quis logo tranqüilizá-lo e foi logo dizendo-lhe que 'na vida das castoras há momentos muito especiais, em que acontecem certas mudanças, que o corpo das castoras passa por momentos que as obrigam a tomar certas decisões, que elas correm determinados perigos, que a vida, que a morte, que os filhos mais velhos, que a mais nova...' Acontece que quanto mais dona Preta tentava se explicar, menos o Rei do Mundo entendia e mais confuso ele ficava. 'Por que vir falar de morte' dizia, 'se sua Preta estava com uma aparência tão viçosa e tão apetecível?' 'Será que eu fiz algo de errado?' Ele, definitivamente, estava tão confuso que não compreendia nada do que ela queria explicar-lhe. Mas ela insistia nas mudanças, nos perigos, e tanto disse sobre as tais mudanças que ele chegou a desconfiar que ela estivesse falando de mudar-se, de ir-se embora. Dona Preta achou graça e tentou explicar mais uma vez. E mais uma vez sem muito sucesso, o Rei do Mundo nada entendia de todas essas considerações.

Um belo dia o Rei do Mundo falou muito sério para ela (mas com um tom muito preocupado): 'Preta essa mudança da qual ocê fala tanto quer dizer que... que... nós não vamos mais poder subir rio arriba e mergulhar juntos no grande lago azul?' Dona Preta, que era muito viva, percebeu qual era a grande preocupação do seu Rei do Mundo e soltou uma grande risada mostrando seus belos dentes de castora e disse: 'Que é isso meu Rei, quando eu mudar vou ficar até mais livre e mais disposta. Vamos mergulhar no grande lago muitas e muitas vezes.'

O Rei do Mundo sorriu feliz e disse: 'Então minha Preta, mude logo e depois vamos para o grande lago.'

Dona Preta sentiu um alívio muito grande ao ver que seu Rei do Mundo não estava intimidado, não tinha medo da morte e queria viver a vida com sua Preta.

Conta a lenda que quando dona Preta mudou, sentiu que tirava um grande peso de cima, e ficou tão feliz que construiu muitas barragens e foi uma visitante assídua, em companhia do seu Rei do Mundo, do grande lago azul.

Dizem que quando eles estavam no lago, a festa era tão animada que todos os habitantes do lago e da floresta vibravam de alegria.

Algumas considerações sobre a história que me contaram e a que *eu ouvi*

—Agora faz as tuas considerações.

—Com esta história aconteceu novamente aquilo que havia acontecido na anterior (e que, por sinal, acabou constituindo-se na norma quando faço uma narrativa terapêutica). Depois de ouvir o relato —o qual foi feito na hora, diante dos olhos do grupo e da própria colega que nos havia confiado sua história— "Dona Preta" me perguntou: "Como você sabia que o meu marido era assim? Você o descreveu exatamente como ele é. Meus filhos também!"

—Ela parecia surpresa?

—Totalmente.

—Eu gostaria que a tua explicação não se limitasse a uma alusão rápida ao assunto, fala realmente do segredo, qual é o segredo?

—Pois bem, chegou a hora de desvendar o segredo... não há segredo. A coisa é mais bem simples, vejamos por quê.

Eu acredito que todas essas informações estão implícitas no pequeno relato da colega. É aquilo que Milton Erickson chama de ***dicas mínimas*** (ERICKSON, M.H., & ROSSI, E.L., 1994). Nas entrelinhas, ela nos fala de uma família bem estruturada, seus filhos, apesar de serem jovens, já sabem se virar no mundo, seu marido é um homem maduro e confiável. Esse é o motivo pelo qual sua filha de nove anos pode ser sua única preocupação.

—Aqui estamos já abordando a questão da análise comparativa entre as duas histórias: a construída pela família e contada pela colega, e a ***reconstruída*** por ti no contato com ela.

—É a única forma de compreender de onde saiu toda a informação.

—Ótimo, voltemos à conversa. Tua descrição de ***uma bela família de castores*** pretende ser a tradução metafórica do relato da colega?

—Sim, de propósito escolho um bicho "trabalhador" e simpático. A vida da família castor transcorreu da melhor forma possível, isso também significa que terá recursos suficientes para enfrentar a situação pela qual atravessa a mãe da melhor maneira possível.

—Esses filhotes que já sabem construir represas, representam os filhos já encaminhados na vida?

—Exato. O mergulho nas partes mais profundas do lago...

—Simboliza a preocupada introspecção provocada pelos quebrantos da sua saúde.

—A seguir, há uma série de brincadeiras com as características tanto masculinas quanto femininas. A dificuldade do homem em compreender a mulher. As voltas que muitas vezes as mulheres dão quando querem falar de algo que as preocupa. A tendência masculina a interpretar as atitudes da própria parceira como um indicativo de que *ele*, mais uma vez, fez algo de errado.

—Queres dizer que não é necessário ser muito habilidoso para que uma família se reconheça nesse discurso.

—Não é necessária nenhuma habilidade especial, apenas é preciso que possuamos alguma capacidade de observação.

—E as alusões sexuais? A colega nem sequer falou no assunto.

—Aí é que eu digo que uso a minha própria fantasia. Fantasio tanto a preocupação da mulher quanto a do homem a esse respeito. Limito-me a colocá-la em palavras. [Mas como a fantasia surgiu no contato com a família, aqui através de um dos seus membros, a fantasia não é apenas minha, é nossa e, por isso, tenho direito e obrigação de compartilhá-la. Essa é a razão para que apareça no conto.] E aí se mistura medo-morte-amor-mergulho-escuridão-claridade. A mensagem seria: por que temer a morte quando temos o amor?

—Mais uma vez o triunfo da vida.

—Da vida —vivida de cada dia— que um dia, sim, acabará com a morte. Mas sendo assim, será uma morte com sentido. Uma morte depois de haver vivido. E não uma vida vivida pela metade por temor à morte.

—Quer dizer que a dona Castora também se reconheceu, também falou "sou eu!"

—E não apenas ela, também o Rei do mundo. Ela, depois, contou-me que havia dado a história ao marido para que a lesse. Ele também falou: "Esses somos nós!"

—Eu tenho uma dúvida, falou Talia. Todas as alunas "viram" as mesmas coisas que tu na história da família?

—Ah, essa é uma questão chave. Quando realizamos nossa conversa sobre o processo de construção da história, algumas das alunas disseram que o fato de "dona Preta" se preocupar apenas com a filha, poderia significar um desinteresse pelo marido.

—E tu que pensas a esse respeito?

—Penso que qualquer pessoa tem o direito de pensar o que quiser! Enquanto a mim, creio —como já frisei antes— eu escolho ver aquilo que poderá servir de alavanca no processo de crescimento, de busca de novas alternativas de saúde.

—Caberia falar aqui do aspecto estético ao que fazias referência antes?

—Eu creio que sim. A narrativa, tal qual eu a apresentei, parece-me significativamente mais bela que essa outra possível que introduziria a dúvida e o questionamento sobre o amor de "dona Preta e o Rei do mundo".

—E, seria justamente por esse motivo que tem melhores chances de funcionar...

—Essa é a minha opinião.

—Muito bem, creio que agora está claro como se constróem essas histórias.

—E, de certa maneira, porque provocam o impacto que provocam.

— Mas, se de análise se trata, deixa acrescentar mais uma idéia. Haveria mais razões para explicar a eficácia do conto terapêutico. Como já disse antes (MOLINA-LOZA, 1998), e como também acredita AUSLOOS (1995), uma terapia sem surpresa é inconcebível. O conto pode surpreender por vários motivos: não seria de todo comum ver sua história recontada de forma poética. Cada elemento da sua história que aparece constitui-se, de certa maneira, em uma pequena surpresa que facilita o impacto da mensagem terapêutica.

Através da história podemos introduzir aquelas "mudanças mínimas" tanto na visão que a família tem dos acontecimentos quanto do papel de cada um.

> *Introduzir uma mudança tão mínima que não orientará a família para a direção desejada pelo terapeuta (o que seria comportamental), mas suficientemente significativo para que seja amplificada de forma imprevisível pela família.* (AUSLOOS, 1995, p. 92.)

—E essa seria uma das razões pelas quais a família aceita o conto e o utiliza para seu processo de mudança.

—Bem...

[*Nesse momento tive a impressão de que Talia e Melpomene se dispunham a partir. Como não podia deixar de ser, quis que ficassem mais um pouco. Eu ainda tinha coisas para resolver com elas. Assim sendo, falei:*]

—Espero que não estejam pensando em ir embora. Eu ainda tenho um problema sério e conto com a ajuda de vocês...

—Não iremos embora enquanto precises de nós, disse Talia.

—Podes falar, acrescentou Melpomene.

—A verdade é que, desde a primeira vez que fiz uma história para os meus clientes, reparei nas suas reações. Estas eram tão intensas que levaram a perguntar-me: e outras pessoas, que nunca estiveram na minha frente, com as quais eu não teria tido uma relação de intimidade terapêutica, poderiam ser tocadas por essas histórias? As narrativas terapêuticas —explicitamente aquelas produzidas em um contexto específico para uma família específica— poderiam ter um efeito benéfico sobre outras pessoas, sobre outras famílias?

Quem é o leitor?

—Eu sei quem pode ajudar-nos, disse Melpomene. Lembras do Eco? Ele tem refletido sobre essa questão.

—Eco fala da narrativa e faz uma série de considerações interessantes, disse Talia, vamos diretamente a ele. Vejamos suas reflexões sobre o leitor.

—Bem, ele começa por afirmar que a história pressupõe um leitor. Este será um ingrediente fundamental, não apenas do processo de contar a história, como também da própria história (ECO, H., 1999).

—E ele define esse "leitor"?

—Sim, mas antes de chegar a essa definição, quero deter-me em uma das suas afirmações referentes ao próprio texto:

> *Por enquanto, só quero dizer que qualquer narrativa de ficção é necessária e fatalmente rápida porque, ao construir um mundo que inclui uma multiplicidade de acontecimentos e de personagens, não pode dizer tudo sobre esse mundo. Alude a ele e pede ao leitor que preencha toda uma série de lacunas. Afinal (como já escrevi),* ***todo texto é uma máquina preguiçosa pedindo ao leitor que faça uma parte de seu trabalho****. Que problema seria se um texto tivesse de dizer tudo que o receptor deve compreender — não terminaria nunca.* (*Op. cit.*, p. 9)

—Vês? Todo texto tem *lacunas...*

—E o leitor é que deve preenchê-las.

—Aí é que está, o leitor preencherá as lacunas?

—Eco postula a existência de dois tipos de leitores: o **leitor empírico** e o **leitor modelo**, vejamos o que ele nos diz de cada um deles:

> *Neste ponto me cabe lembrar dois conceitos que já discuti alhures — a saber, os do Leitor-Modelo e do Autor-Modelo. (...) O leitor-modelo de uma história não é o leitor empírico. O leitor-empírico é você, eu, todos nós, quando lemos um texto. Os leitores empíricos podem ler de várias*

formas, e não existe lei que determine como devem ler, porque em geral utilizam o texto como um receptáculo de suas próprias paixões, as quais podem ser exteriores ao texto ou provocadas pelo próprio texto. (*Op. cit.* p. 14)

—Está claro, leitor empírico seria, pois, qualquer leitor. Mas e o leitor modelo?

Quem já assistiu a uma comédia num momento de profunda tristeza sabe que em tal circunstância é muito difícil se divertir com um filme engraçado. E isso não é tudo: se assistir ao mesmo filme anos depois, mesmo assim talvez não consiga rir, porque cada cena irá lembrá-lo da tristeza que sentiu na primeira vez. Evidentemente, como espectadores empíricos, estaríamos 'lendo' o filme de maneira errada. Mas 'errada' em relação a quê? Em relação ao tipo de espectadores que o diretor tinha em mente — ou seja, espectadores dispostos a sorrir e a acompanhar uma história que não os envolve pessoalmente. Esse tipo de espectador (ou leitor, no caso de um livro) é o que eu chamo de ***leitor-modelo — uma espécie de tipo ideal que o texto não só prevê como colaborador, mas ainda procura criar.*** *Um texto que começa com 'Era uma vez' envia um sinal que lhe permite de imediato selecionar seu próprio leitor-modelo, o qual deve ser uma criança ou pelo menos uma pessoa disposta a aceitar algo que extrapola o sensato e o razoável."* (*Op. cit.* p. 15)

—Quer isso dizer que os teus contos têm realmente um leitor modelo: aquelas pessoas cujas histórias ouviste e, a seguir, transformaste em um conto, que é uma metáfora das suas experiências.

—Sim, e em princípio eles deveriam captar todas as alusões que eu faço na história.

—E isso sempre acontece?

—Sim e não. Por um lado, creio que as famílias reagem de uma forma muito forte porque identificam quase cada um dos elementos da narrativa como sendo algo que lhes pertence, que lhes fala. Mas já me aconteceu (MOLINA-LOZA, C.A., 2000) que um dos membros da família lesse a história —sem aperceber-se de que se tratava da sua própria família— e, a seguir, tecesse uma série de comentários. Como eu me dei conta do que estava acontecendo, perguntei-lhe: sabes quem são os personagens dessa história? Quando, depois de saber, a leu de novo... abriu um choro muito sentido.

—Sua primeira leitura foi de leitora empírica, a segunda... seria de leitora modelo. Leu dois textos diferentes.

—Ou "construiu" dois textos diferentes.

—Isso significaria que, como diz Eco, o texto, por definição, *pede ao leitor que faça uma parte do seu trabalho.* O texto seria algo inacabado, ou *aberto*, como prefere o próprio Humberto ECO (1986).

—Afinal, isso eqüivaleria a dizer que nem mesmo aqueles para quem escrevo (os meus clientes) seriam totalmente leitores-modelo. Até para eles, tratar-se-ia de um texto aberto.

—Agora, como estamos conversando sobre intervenção terapêutica, poderias falar a respeito de como achas que os textos funcionam.

—Bem, essa é uma pergunta complexa (demais, até!), mas já que tenho uma ajuda inestimável, aproveitarei.

Falando do tempo da narrativa, Eco faz referência às mudanças de ritmo, que são introduzidas pelo autor, para permitir que o leitor possa fazer suas próprias reflexões, e que ele vai chamar de *passeios inferenciais.*

> *Vamos a um bosque para passear. Se não somos obrigados a sair correndo para fugir do lobo ou do ogro, é uma delícia nos demorarmos ali, contemplando os raios do sol que brincam por entre as árvores e salpicam as clareiras, examinando o musgo, os cogumelos, as plantas rasteiras. Demorar-se não quer dizer perder tempo: com freqüência, a gente pára a fim de refletir antes de tomar uma decisão. (...) Uma das técnicas que um autor pode utilizar para demorar-se ou diminuir a velocidade é a que permite ao leitor dar "passeios inferenciais".* (ECO, H., 1999, p. 56.)

—É ao fazer esses passeios que o leitor pode preencher as lacunas apresentadas pela história?

—Sim, e é aí que encaixa a resposta a tua pergunta: eu creio que a narrativa, no sentido de conto terapêutico, permite que esses passeios inferenciais sejam utilizados para imaginar [ou: começar a construir] uma outra história. A narrativa terapêutica abre novos espaços para novas criações. Na medida em que a mensagem inicial anuncia explicitamente que se trata de uma ficção (por acaso não começa muitas vezes com o conhecido **"Era uma vez"**?), abre-se o espaço para a realização de inúmeros passeios inferenciais.

O leitor dos contos terapêuticos é levado a comportar-se como um leitor de uma obra de ficção:

> *A norma básica para se lidar com uma obra de ficção é a seguinte: o leitor precisa aceitar tacitamente um acordo ficcional, que Coleridge chamou de 'suspensão da descrença'. O leitor tem de saber que o que*

está sendo narrado é uma história imaginária, mas nem por isso deve pensar que o escritor está contando mentiras. De acordo com John Searle, o autor simplesmente finge dizer a verdade. Aceitamos o acordo ficcional e fingimos que o que é narrado de fato aconteceu. (Op. cit., p. 81.)

—Essa suspensão da descrença será fundamental: ele acredita na ficção e... na medida que é uma ficção que lhe diz respeito e que lhe mostra novos rumos, também estaria acreditando nesse novos rumos. Mas há uma outra característica da ficção que também contribui para o efeito da narrativa terapêutica:

"Isso significa que os mundos ficcionais são parasitas do mundo real. Não existe nenhuma regra relativa ao número de elementos ficcionais aceitáveis numa obra. E, com efeito, aqui há uma enorme variedade — formas como a fábula, por exemplo, a todo instante nos levam a aceitar correções em nosso conhecimento do mundo real. No entanto, devemos entender que ***tudo aquilo que o texto não diferencia explicitamente do que existe no mundo real corresponde às leis e condições do mundo real.*** (*Op. cit.* p. 89)

—É através dessa brecha que passa a mensagem terapêutica?

—Creio que essa ***confusão de mundos*** constitui uma brecha sim e, também, que ela permite que se voe para novas construções.

Portanto, parece que os leitores precisam saber uma porção de coisas a respeito do mundo real para presumi-lo como o pano de fundo correto do mundo ficcional. A essa altura, porém, deparamos com uma dificuldade. Por um lado, na medida em que um universo de ficção nos conta a história de alguns poucos personagens em tempo e local bem definidos, podemos vê-lo como um pequeno mundo infinitamente mais limitado que o mundo real. Por outro, ***na medida em que acrescenta indivíduos, atributos e acontecimentos ao conjunto do universo real (que lhe serve de pano de fundo), podemos considerá-lo maior que o mundo de nossa experiência. Desse ponto de vista, um universo ficcional não termina com a história, mas se estende indefinidamente.*** (*Op. cit.*, p. 91.)

—A lógica da ficção continua vigendo e serve para ampliar cada vez mais as possibilidades do leitor [cliente].

—Por outro lado, cabe a pergunta: e o leitor empírico-empírico?

—Como assim?

—Isto é, aquele para o qual não foi escrito o conto... poderia aproveitar terapeuticamente os contos?

—Essa é uma pergunta que me inquieta muito. Acredito que sim e, para dizer a verdade, já tive alguns depoimentos positivos nesse sentido. A narrativa terapêutica não diferiria, nesse sentido, de qualquer narrativa, o leitor leria, à sua maneira, adaptando o que lê à sua própria experiência, e tirando suas próprias conclusões. (MOLINA-LOZA, C.A., SDa.)

Bem, mas nesse caso... só me resta esperar o resultado da publicação dos trabalhos [no momento em que eu conversava com Talia e Melpomene estávamos esperando a chegada da primeira remessa de *Histórias, contadas com amor, para mudar e crescer, Narrativas terapêuticas I*].

Figura 10 B

De novo sobre o "texto-cliente"...

—Vejo que já estás com vontade de passar a outro tema, mas ainda temos que falar um pouco da questão do texto-cliente. Passaste muito rápido por essa idéia, e ela contém um potencial enorme. Volta atrás e amplia...

—Queres que explique melhor, que seja menos superficial, claro. Bem, não vai ser fácil, essa idéia está sendo desenvolvida em um outro trabalho[2], mas tentarei. A idéia é a seguinte: se "todo comportamento é comunicação" (WATZLAWICK, BEAVIN, JACKSON, 1981), resulta difícil separar a pessoa do seu discurso, do seu texto. A pessoa que se expressa [presta atenção a frase: a pessoa se expressa, isto é, expressa a si mesma], e o que ela expressa, acabam sendo manifestações de uma mesma "realidade". Ao dizer que "desconstruímos" seu discurso, também dizemos que desconstruímos a mensagem que ela mesma constitui.

—Devagar, por favor, queres dizer que o interlocutor de uma pessoa ao se fazer uma imagem da mesma a está desconstruindo?

—Sim, exatamente isso. Como conseqüência, ao falar com ela sobre ela [ao emitir um discurso a seu respeito] está reconstruindo um discurso [e a ela mesma].

—Mas o interlocutor também estaria realizando a mesma operação!

—Por suposto. E é ali que estaria o xis da questão. Quando o interlocutor [cliente] ouve o texto-terapeuta também o desconstrói. Aquilo que vai dizer sobre aquilo que ouviu [viveu com o terapeuta] será realmente o motor da sua mudança, da sua transformação.

—Queres dizer que a importância do que diz e faz o terapeuta acaba sendo muito relativa se comparada com o que diz e faz o cliente?

—Sim, afirmo que se ele muda, impulsionado por aquilo que ouve, não por aquilo que ouviu do terapeuta mas sim pelo que ouviu de si mesmo!!! Em última análise, o terapeuta só diz [aquilo que diz] com o intuito de tocar o seu cliente para desencadear nele a força da sua própria palavra, da sua própria capacidade.

—Não seria essa uma confiança muito ingênua...

—Ah! Quem não for capaz de confiar no potencial, na competência da família (AUSLOOS, 1995), que tente reciclar-se em outra profissão.

—E como explicas, então, o fracasso de muitas terapias? Não é incompetência das famílias?

---

[2] *O catador de histórias, Narrativas terapêuticas III*, manuscrito em preparação.

—Não, é devido à incompetência de nós terapeutas que não soubemos criar a intimidade necessária para, a partir dela, conseguir mobilizar a competência das famílias.

—Estarias assumindo a posição hermenêutica proposta por Boscolo e Bertrando?

> *O ponto central das teorias e (e pragmáticas) hermenêuticas seria o fato de se privilegiar o receptor da mensagem em relação ao emissor da mesma mensagem: o significado é algo atribuído pelo receptor.* (BOSCOLO, BERTRANDO, 1996, p. 132.)

—Sim, a condição que lhe dês mais uma volta... não seria apenas o significado que o cliente atribui ao dito pelo terapeuta e sim o que o cliente diz [reconstruindo] o texto-terapeuta. É sua própria voz que o faz mudar e não a voz do terapeuta.[3]

—Bem, agora...

—Agora quero que falemos novamente de amor e de poesia. Interrompeu Melpomene.

—Porque a narrativa terapêutica comporta uma importante dose de poesia, agregou Talia.

—Uma das reações mais comuns das pessoas para as quais eu entreguei os meus contos foi... falar de poesia. Eu na minha ilustre ignorância sempre acolhi esses comentários com protestos e negativas. Reagia como se apenas os poetas poetas pudessem fazer poesia. Eu não imaginava que...

---

[3] Para uma reflexão mais aprofundada sobre este tema ver: A palavra do cliente: uma semente de muitos frutos, texto atualmente em preparação.

Capítulo IV

Calíope e Erato entram em cena

—Acontece que se houvesses pedido a nossa ajuda —disse Erato, apontando para Calíope e para ela própria— e se tivesses nos ouvido, nunca haverias tido essa reação.

—Eu... [não consegui dizer nada, limitava-me apenas a olhar para Talia e Melpomene com um olhar inquisidor].

A sala foi inundada por um claro sorriso [talvez fosse mais exato dizer por um clarão de sorrisos! Os rostos das quatro ficaram iluminados pela sua beleza translúcida.] E eu? Se eu fosse mais esperto poderia ter imaginado que a simples menção à poesia poderia fazer com que Calíope e Erato desejassem participar da conversa, não são elas por acaso as musas da poesia lírica e da poesia épica? Pois bem, aí estávamos nós, todos os cinco prontos para ver o que iria acontecer. O que aconteceu foi que Erato tomou a palavra e disse:

A História nasceu da poesia

—Para início de conversa, é preciso que coloquemos alguns pingos nos íis. Gostaria de lembrar que antes mesmo de existir a História, existia a Poesia e Clio que me perdoe, mas, de certa forma, a História é filha da Poesia.

—A História... o que tem a ver com a Poesia?, intervim eu do alto da minha ignorância.

—Antes de recorrer diretamente a Aristóteles, verdadeira autoridade na matéria vamos permitir que seja um historiador que nos conte algo a respeito disso, falou Calíope.

Por que poesia? A resposta, naturalmente, é que com "poesia" Aristóteles e os outros referiam-se tanto à poesia épica, à recente poesia lírica, como a de Píndaro, quanto à tragédia, ***que retratavam as grandes figuras e os grandes acontecimentos do passado.*** *Não se tratava de saber se essa poesia era ou não historicamente confiável, ou até que ponto o era, no sentido em que hoje em dia fazemos o mesmo tipo de pergunta em relação aos épicos antigos; tratava-se, isso sim, da questão mais profunda da universalidade, da verdade sobre a vida em geral. A questão, em resumo, era distinguir mito de história. Por "mito" refiro-me ao que, na acepção comum, geralmente significa "mito"' e "lenda" (...) refiro-me a mitos como os de Prometeu, Herácles e a Guerra de Tróia.*

A atmosfera na qual os pais da história começaram a trabalhar estava impregnada de mitos. Sem o mito, na verdade, eles nunca teriam conseguido iniciar o seu trabalho. O passado é uma massa desconexa e incompreensível de dados incontados e incontáveis. Ele só pode tornar-se inteligível se for feita uma seleção em torno de um ou mais focos. Em todos os infindáveis debates gerados pelo wie es eigentlich gewesen *(como as coisas foram realmente), de Ranke, uma primeira pergunta é freqüentemente esquecida: Que "coisas" merecem ou exigem consideração para se definir como elas "foram realmente"?* ***Muito antes de alguém sequer sonhar com a história, o mito deu uma resposta.*** *Essa era sua função, ou melhor, uma de suas funções: tornar o passado inteligível e compreensível selecionando e focalizando algumas partes dele, que, desse modo, adquiriram permanência, relevância e significado universal.* (FINLEY, M.I., 1989, p., 5)

—A História vem da Poesia!!! Eu de novo com a minha surpresa...

—Vamos diretamente a Aristóteles, interveio Erato, vejamos o que ele disse comparando o poeta ao historiador...

50. Segundo o que foi dito se aprende que o poeta conta, em sua obra, não o que aconteceu e ***sim as coisas quais poderiam vir a acontecer, e que sejam possíveis tanto da perspectiva da verossimilhança como da necessidade.*** *O historiador e o poeta não se distinguem por escrever em verso ou prosa; caso as obras de Heródoto fosse postas em metros, não deixaria de ser história; a diferença é que* ***um relata os acontecimentos*** *que de fato sucederam, enquanto o outro fala das coisas que poderiam suceder.* ***E é por esse motivo que a poesia contém mais filosofia e circunspecção do que a história; a primeira trata das coisas universais, enquanto a segunda cuida do particular. Entendo que se tratar de coisas universais significa atribuir a alguém idéias e atos que, por necessidade ou verossimilhança, a natureza desse alguém exige; a poesia, desse modo, visa ao universal, mesmo quando dá nomes a suas personagens. Quanto a relatar o particular, ao contrário, é aquilo que Alcebíades fez, ou aquilo que fizeram a ele.*** (ARISTÓTELES, sec. IV ANE, ed. Brasileira, 1999, p. 47.)

—Pareceria que ele está falando de narrativa terapêutica!

—Estás vendo? E já que estamos nesse ponto, continuemos com o mestre Aristóteles. Presta atenção à forma como ele caracteriza o poeta enquanto criador.

54. Segue-se então que o poeta deve ser mais criador do que metrificador, uma vez que é poeta porque imita, e por imitar ações. ***Continua sendo poeta mesmo quando se serve de fatos reais****, pois nada impede que alguns fatos, por natureza, sejam verossímeis e possíveis e, por esse motivo, seja o poeta o seu criador.* (ARISTÓTELES, op. cit.)

—Entendo...

A poesia vem da história

—Agora, repara, disse Calíope, o mais importante, o que nos interessa, vai muito além dessa constatação (a qual, dito seja de passagem, não surpreenderia nenhuma pessoa um pouco mais informada), o fato importante é que, no teu trabalho, ***a Poesia vem da História!***

—Como? Assim vou acabar me perdendo.

—Calma aí, não desesperes, já te explico, mas primeiro temos que fazer uma outra revisão histórico-antropológica. Nós fomos acostumados a ver a arte como algo separado da vida quotidiana, porque "na cultura euro-americana as artes têm sido dissociadas da corrente principal da vida. A criação artística é função do especialista, enquanto a apreciação daquilo que criam estes especialistas constitui um privilégio daqueles que, pelo menos, dispõem do tempo ocioso para se dedicar à sua vocação." (HERSKOVITS. M., 1995, p. 415.) Nas sociedades ditas primitivas acontece exatamente o contrário.

> *Pode-se dizer com tranqüilidade que não há sociedades sem escritura em que prevaleçam distinções desta natureza.* ***A arte é uma parte da vida e não está separada dela.*** (*Op. Cit. p. 415.*)

A criação artística, pois, já fez parte do quotidiano do ser humano. Era uma atividade da qual participavam, em maior ou menor medida, todos os membros da comunidade. Assim sendo, quero que ouças a palavra poesia com uma acepção mais ampla.

—Poesia pode querer dizer algo mais que aquilo que fazem os poetas? Existe uma acepção diferente?

—Esse é justamente o xis da questão. Imagina que o termo poesia é um recipiente e que nele cabe —além do que sói entender-se por poesia, o poema— uma forma de ver a vida, uma forma de viver!

—Viver... poeticamente...

—Exato! E isso iria além, é claro, do fato de se escrever poemas. Quero que leias o seguinte excerto:

> *Inicialmente, é preciso reconhecer que, qualquer que seja a cultura, o ser humano produz duas linguagens a partir de sua língua: uma, racional, empírica, prática, técnica; outra, simbólica, mítica, mágica. A primeira tende a precisar, denotar, definir, apoia-se sobre a lógica e ensaia objetivar o que ela mesma expressa.* ***A segunda utiliza mais a conotação, a analogia, a metáfora, ou seja, esse halo de significações que circunda cada palavra, cada enunciado e que ensaia traduzir a verdade da subjetividade.*** *Essas duas linguagens podem ser justapostas ou misturadas, podem ser separadas, opostas, e a cada uma delas correspondem dois estados. O primeiro, também chamado de prosaico, no qual nos esforçamos por perceber, raciocinar, e que é o estado que cobre uma grande parte de nossa vida cotidiana. O segundo estado, que se pode justamente chamar de "estado segundo", é o estado poético."* (MORIN, E., 1998, p. 35-36.)

—É um lindo texto, sem dúvida, mas como se chega a esse estado poético?

—Tu és apressado demais! Se fosses um pouco mais paciente, verias que a resposta a tua pergunta estava por vir. Presta atenção.

> ***O estado poético pode ser produzido pela dança, pelo canto, pelo culto, pelas cerimônias e, evidentemente, pelo poema.*** *Fernando Pessoa dizia que, em cada um de nós, há dois seres. O primeiro, o verdadeiro, é o dos nossos sonhos, que nasce na infância e que continua pela vida toda. O segundo, é o ser de nossos discursos, atos, gestos. Não diria que um é verdadeiro e o outro, falso, mas, efetivamente, a cada um desses dois estados correspondem dois seres em nós. (...)*
>
> *Poesia e prosa constituem, portanto, o tecido de nossa vida. Hölderin afirmava: 'O homem habita a terra poeticamente.' Acredito ser necessário dizer que o homem a habita, simultaneamente, poética e prosaicamente.* (Op., cit., p. 36.)

—Entendo, a poesia penetrando pelo tecido da vida, permeando a experiência quotidiana das pessoas.

—Praticamente abolindo a separação entre aquilo que se faz porque é obrigatório e aquilo que se faz porque é prazeroso.

—O prazer no afazer. O afazer no prazer.

—É justamente disso que Morin fala...

> *Nas sociedades arcaicas, injustamente chamadas de primitivas, que povoaram a terra e formaram a humanidade, e que estão sendo massacradas na Amazônia e outras regiões, havia uma relação estreita entre esses dois estados, que se encontravam entrelaçados. Na vida cotidiana, o trabalho era acompanhado por cantos e ritmos, e enquanto preparava-se a farinha nos pilões, cantava-se ou utilizava-se esses mesmos ritmos. (Op. cit.*, p. 37.)

—E de exemplos dessa forma de ver a vida... a etnologia está cheia. Não vou reproduzir aqui uma longa lista de citações reforçando essa idéia, mas não resisto à idéia de trazer um breve exemplo...

> *...por outro lado, este excedente (da produção hortícola) é conseguido às custas de muito mais trabalho daquele que seria necessário para obter a colheita.* ***Boa parte do tempo e do trabalho respondem a propósitos estéticos****: manter os hortos limpos, ordenados e sem nenhuma classe de detritos, construir muradas sólidas e* ***bonitas****... O elemento não utilitário dos trabalhos da horta é ainda mais perceptível nas diversas tarefas realizadas com a finalidade estritamente ornamental, de acordo com os cerimoniais mágicos e os costumes da tribo. Por isso, quando o terreno já foi escrupulosamente limpo e está pronto para ser semeado, os indígenas*

dividem cada parcela da horta em pequenos quadros de poucos metros de cada lado; isto só se faz por fidelidade aos costumes e para que os hortos ***tenham um bom aspecto****. Nenhum homem que se respeite ousaria transgredir esta obrigação. (...) Um outro exemplo, talvez o mais interessante, de trabalho não utilitário, são as grandes pilhas de forma piramidal, chamadas* kamkokola, *que servem para fins ornamentais e mágicos, mas não têm nada a ver com o cultivo das plantas.* (MALINOWSKI, B., 1973, p., 73.)

—Até aqui temos falado dos ditos povos "primitivos"...

—Por que "ditos"?

—Porque sendo os nossos contemporâneos, seria impensável imaginar que eles não sofreram nenhum processo de evolução. A acepção correta seria povos iletrados (HERSKOVITS, M., 1995). Mas voltemos à questão. A paleoetnologia fornece-nos inúmeros testemunhos de que o ser humano, desde os primórdios, manifestou essa preocupação estética.

—Estás falando de...

—Pelo menos um milhão de anos!

O homem é faber porque sapiens, *(...) ou seja porque é inteligente,* **e se revela sapiens no ser faber** *desde as suas origens, porque manifesta capacidades que fazem surgir a consciência que o homem tem de si mesmo e do mundo e* ***o revelam artesão e mesmo artista****.* (FACCHINI, F., 1991, p. 18. Os dois primeiros grifos são do autor.)

—O homem nasce quase ao mesmo tempo que a manifestação artística. A arte é sua fiel companheira desde tempos imemoriais....

As primeiras manifestações deste culto são os símbolos religiosos — esculturas em pedra e incisões em rochas— do paleolítico, antiga idade da pedra. As mais antigas esculturas de animais e figuras femininas datam do período Aqueleano do Paleolítico inferior, ***isto é de mais de 500.000 anos****.* (GIMBUTAS, M., *in* FACCHINI, F., *et alii*, 1991, p. 86)

—Um hábito arraigado há tanto tempo não deveria ser perdido com muita facilidade...

Viver poeticamente

—Observa aqui que estamos voltando à questão que examinavas com Urânia. O ser humano tem, na sua bagagem, a "experiência" de uma outra forma de viver e de ver a vida (ver páginas 9 à 15).

—O que, novamente, servir-me-á para reafirmar minha confiança [minha pia confiança] nas possibilidades de sucesso de uma intervenção terapêutica que se baseia nessa visão.

—Posto que falas dessa ***visão*** voltemos a Morin, disse Erato:

> *Retomemos agora um aspecto existencial: o que é a vida? A vida é um tecido mesclado ou alternativo de prosa e de poesia. Pode-se chamar de prosa as atividades práticas, técnicas e materiais que são necessárias à existência. Pode-se chamar de poesia aquilo que nos coloca num estado segundo: primeiramente, a poesia em si mesma, depois a música, a dança, o gozo e, é claro, o amor. Prosa e poesia eram intimamente entrelaçadas nas sociedades arcaicas. (...)* ***Cada um, em nossa sociedade, ensaia resistir à prosa do mundo****....* (MORIN, E., 1988, p. 58-59.)

—Creio que agora entendo aonde queres me levar!

—Estamos falando do papel do terapeuta. Disse Calíope.

—Por que as famílias, ou as pessoas em geral, procuram terapia? Interveio Erato.

—Porque estão aprisionadas pela prosa, porque estão cansadas de viver prosaicamente. Porque deixaram de viver poeticamente.

—E...

—Porque supõem que o território terapêutico pode ser propício para essa busca, para busca do reencontro da poesia da vida.

—Existe, porém, uma condição indispensável para isso. Para que o terapeuta seja capaz de contribuir para a reconquista do poético por parte das pessoas que o procuram é preciso que...

—... o próprio terapeuta viva poeticamente. E, no seu caso, isto significa duas coisas. A primeira seria saber viver nesse "estado segundo" descrito por Morin. A segunda, viver o contato com a família saboreando profundamente o prazer desse encontro, sabendo usufruir ao máximo das suas possibilidades.

—O que significa...

—Amar esse momento, amar aquilo que se faz, amar-se profundamente, amar profundamente os seus clientes.

Figura 10 C

—Deve ser justamente por isso que a reação das pessoas é tão positiva. Não se resiste à poesia, ela conquista sem provocar resistência.

—Está na hora de concluir, mas eu quero que faças ainda algumas considerações. Se para ti essa forma [poética] de ver a relação terapêutica estimula o cliente a soltar-se e a viver poeticamente... que me dizes da vida do terapeuta, do seu trabalho?

—Ah! Tenho que escrever sobre isso. Preciso falar de prazer, de libertação criativa. Muitas vezes a família vêm carregada com conflitos que, por sua dramaticidade, deixam-nos impregnados de tristeza, de dor, de desespero. Quando conto um conto para uma família, por mais trágica que seja a situação, consigo descarregar no papel, na história, aquilo que, se ficasse dentro de mim com certeza me faria mal: o *burn out* (síndrome de esgotamento profissional), do qual falam tanto os terapeutas europeus. Há muito tempo venho repetindo que o objetivo principal do terapeuta é ele próprio (MOLINA-LOZA, 1998), seu próprio ***conforto***, para dizê-lo com as palavras de Guy Ausloos:

> *Quando Freud decidiu sentar-se atrás do divã, não era —como o mostram seus biógrafos— porque ele não suportava ser olhado? Quando Rogers reformula a questão do seu paciente, não é porque ele não sabe que resposta dar? Quando Whitaker conta à família surpresa o sonho que teve durante o breve adormecimento na sessão realizada á hora da sua sesta, não é porque quer se safar de um mal passo que haveria deixado totalmente confusa à maioria dos terapeutas?*
>
> *A ênfase que eu ponho no terapeuta, no seu conforto, na sua equação pessoal, deve-se a meu pertencimento, à Sociedade de Proteção do Terapeuta em Dificuldades.* (AUSLOOS, 1995, p. 73.)

Uma das maneiras que eu tenho de me refazer e de me proteger é escrevendo histórias e contos terapêuticos para os meus clientes. Quando estou no fundo do poço da minha própria angústia e começo a ouvir minhas vozes internas convidando-me para um passeio pelas veredas da fantasia, sinto como, aos poucos, vou recuperando as forças e acabo reencontrando a felicidade. É essa felicidade indispensável para minha sobrevivência enquanto terapeuta. Como também pontuam Boscolo e Bertando:

> *A capacidade de sentir-se feliz [...] constitui outro importante recurso do terapeuta que facilita (e torna mais atraente) seu trabalho e a aceitação*

do cliente, quem, por isso mesmo, poderá ser positivamente influenciado. Uma questão que o terapeuta poderia colocar-se com uma certa freqüência seria: "Que poderia fazer neste momento para sentir-me mais 'feliz' para poder ajudar meu cliente?" (BOSCOLO, BERTRANDO, 1996, p. 115.)

—Tu responderias... escrevendo histórias!

—Exatamente.

—Muito bem. Agora, para concluir, gostaria que nos apresentasses algumas dessas pequenas brincadeiras com as palavras que muitas vezes fazes com os teus clientes... os haicais terapêuticos.

—Ah!, tenho muitos desses, vou escolher alguns para lhes mostrar... mas antes quero comentar algo a respeito do mistério das palavras e dos seus jogos.

Capítulo V

Jogos e palavras

—Sempre pensei que as palavras tinham vida própria. Elas muitas vezes transportam significados que, aparentemente, são muito simples. Acontece que quando nos detemos para brincar com essas mesmas palavras, elas podem abrir-se como uma caixinha mágica cheia de surpresas. Jogar com as palavras é excitante e, amiúde, elas é que acabavam jogando com a gente.

Todo mundo conhece as análises feitas pelo Dr. Freud em cima dos lapsos de linguagem (FREUD, S., 1972, originais alemães 1901, 1905). Mas mesmo sem nos aprofundarmos em uma pesquisa do significado profundo de uma palavra, o trabalho com ela pode levar-nos muito longe. Como disse Haim Omer: "a linguagem não apenas descreve os eventos, mas é parte constituinte deles. É principalmente de forma interpessoal que se opera este processo. É no ato de conversar sobre o mundo, onde a realidade é definida, que isto se torna uma verdade para os participantes". (OMER, H., 1997b.)

Como afirmava umas páginas atrás, [páginas 3 e 38), o processo da escuta é dinâmico, é uma construção ativa que depende de uma decisão. Que nós colocamos conteúdos diferentes nas palavras parece não deixar dúvida, mas nem sempre somos conscientes da dimensão da diferença.

—Podes dar um exemplo?

—Com prazer. Recentemente, ao conversar com um casal sobre a dificuldade que qualquer pessoa encontra para se comunicar (o que no caso do casal é elevado a potência **n**), pedi-lhes que pensassem na definição de mesa. Ambos dariam sua definição sem deixar-se influenciar pela visão do outro.

—O resultado?

—Simpaticíssimo... veja a ilustração na página seguinte...

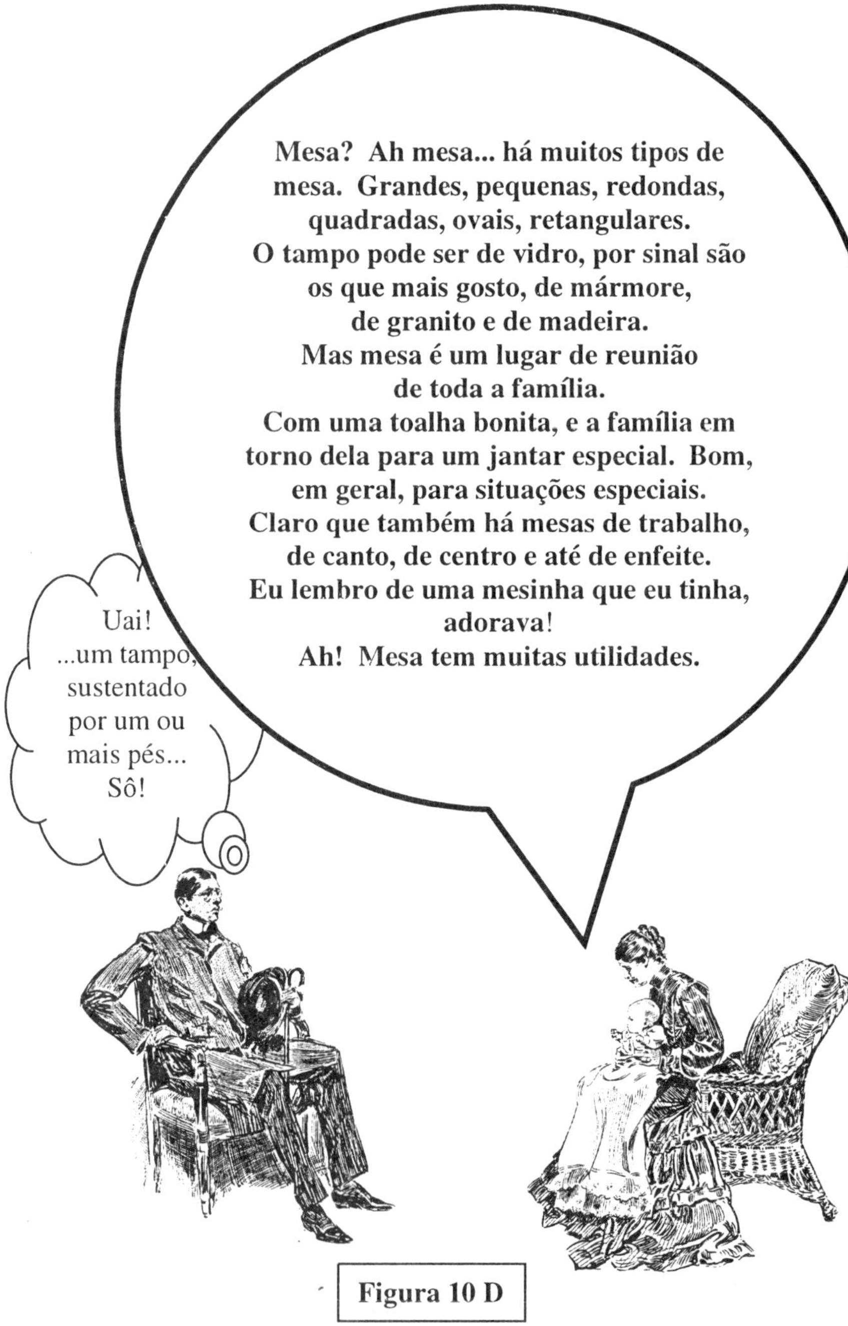
Mesa? Ah mesa... há muitos tipos de mesa. Grandes, pequenas, redondas, quadradas, ovais, retangulares.
O tampo pode ser de vidro, por sinal são os que mais gosto, de mármore, de granito e de madeira.
Mas mesa é um lugar de reunião de toda a família.
Com uma toalha bonita, e a família em torno dela para um jantar especial. Bom, em geral, para situações especiais.
Claro que também há mesas de trabalho, de canto, de centro e até de enfeite.
Eu lembro de uma mesinha que eu tinha, adorava!
Ah! Mesa tem muitas utilidades.
Uai! ...um tampo, sustentado por um ou mais pés... Sô!

Figura 10 D

O homem que falava demais

Pedro era uma excelente pessoa. Quando me procurou desfiou uma série interminável de problemas, especialmente os relacionados com as mulheres, com quem não conseguia estabelecer uma relação duradoura. Nossas conversas foram muito frutíferas e, aos poucos, foi-se sentindo cada vez melhor. Um belo dia contou-me que sua namorada queixava-se de que "ele falava demais, que era insuportável, que quando começava a falar não parava".

—*Molina, eu acho que ela tem razão, eu falo demais. Não gosto, quero mudar isso.*

Peguei papel e lápis e escrevi:

Prolixo

Pro Lixo

Pesos pesados

Marcela vivia sob o peso de uma série de acontecimentos tristes que marcaram sua vida.

Ela parecia ser uma mulher que já havia sofrido, com apenas trinta anos, o que uma mulher pode esperar sofrer durante toda uma vida. Ao vê-la pela primeira vez... parecia estar esmagada sob o peso de várias toneladas de tristeza e amargura.

Desde o início do nosso trabalho, Marcela passou a preocupar-se mais com ela mesma. Em certa ocasião eu lhe fiz a seguinte colocação: "E tua alma? Tu tens descuidado tua alma e ela te pede cuidados."

Ao vê-la esmagada pelo peso da sua vida me veio a imagem de uma mala muito cheia e pesada. Tão pesada que caía para baixo, muito para baixo chegando no fundo: na lama. Sua baixa auto-estima, (o abandono do auto-cuidado), a perspectiva ruim (triste), suja: lama.

Depois de umas três entrevistas, quando já seu rosto refletia um ânimo diferente, fizemos o seguinte poema conceptual:

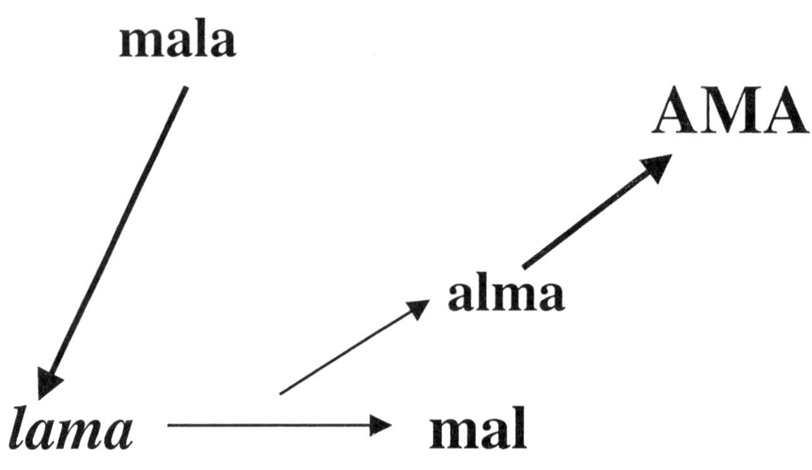

Tu sentias um grande peso,
eras pesada como uma ***mala***.

Esse peso foi tão grande
que acabaste na ***lama***.

Chegaste
a te fazer muito ***mal***.

Mas tomaste a decisão
de lavar a ***alma***.

Hoje és
uma pessoa que se ***ama***.

A moça que havia recebido uma pesada herança

Carmen mexia com moda. Seu grande problema era que tinha medo. Mas não um medo qualquer. Medo de tudo. E o pior de tudo: "era um medo herdado" dos seus pais. Eles sempre lhe meteram medo. Por culpa dessa herança, Carmen deixava de fazer muitas coisas. O surpreendente era que Carmen já havia feito muita coisa [e continuava fazendo], mas sempre que enfrentava um problema... surgia o fantasma do medo.

Como às vezes herdamos pacotes e nos contentamos em ver superficialmente o seu conteúdo, resolvi propor a Carmen que déssemos uma olhada mais demorada na problemática herança familiar. Em princípio o pacote continha apenas uma palavra.

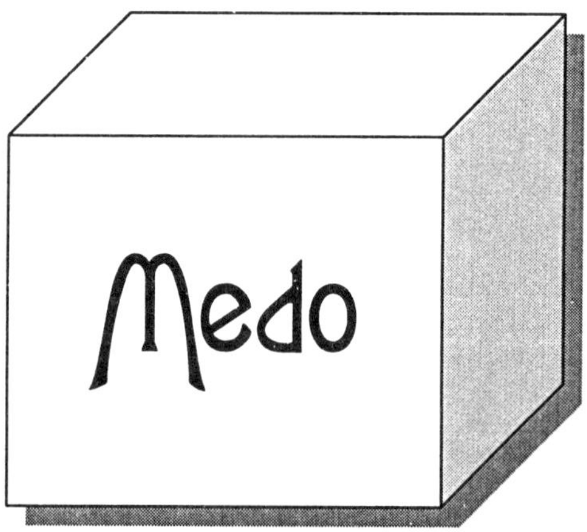

Mas, rapidamente, percebemos que além de uma palavra Carmen havia herdado quatro letras. Talvez aí estivesse o enigma. Quanta coisa não se pode fazer com quatro letras! Desembrulhando, pois, a palavra medo, suas quatro letras, descobrimos que, dentro dela, havia uma mensagem cifrada, qual era?

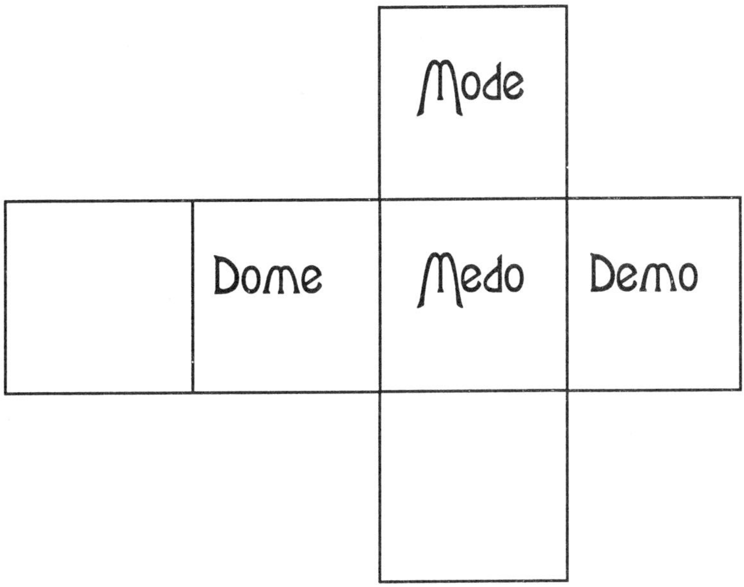

Aí ficou fácil! **Mode dome** [o] **medo** [do] **demo**. Uma frase e que frase! Eles lhe deram o medo e a dica para domá-lo. Se não bastasse, percebemos que **mode** significa moda em francês. Ao final das contas, Carmen não tinha de que se queixar, era uma herança e tanto. (Mode, para quem não freqüenta os meios rurais significa "de modo que", "de tal sorte que", "a modo de".) Ela soube usar sua herança....

—Muito bem! Gostas de jogar com as palavras...

—Para dizer a verdade... não é bem isso, eu creio é que as palavras gostam de jogar comigo. Vais ver nos próximos exemplos como isso acontece.

UMA LÍNGUA COM POUCAS LETRAS

—Agora vou apresentar uma brincadeira, sopa de letrinhas, poderia chamar-se, que faço quando percebo que um cliente está muito abatido. Vou utilizar, para o caso, uma situação fictícia, ***pro mode*** não mostrar o que foi feito com um cliente específico.

A primeira providência consiste em perguntar o nome da pessoa...

—Imaginemos que se chama Carlos...

—Muito bem, vamos pois com o nosso suposto Carlos. Pede-se que escreva seu nome no alto de uma folha de papel, assim:

Carlos

A seguir, sugere-se que a pessoa imagine que vai ter que escrever com um alfabeto que só possui cinco letras: duas vogais [**a – o**] e quatro consoantes [**c – r – l – s**]. Com essas seis letras deverá construir tantas palavras como possa encontrar.

—Qual é o resultado?

—Primeiro que surgem palavras que a pessoa gosta de ter encontrado... e palavras que não gosta de ter encontrado. Pode-se pedir que ambas as séries sejam separadas. De qualquer forma, aqui entre nós, todas vão servir.

—Qual o resultado?

—Vamos ver o exemplo:

Sol - Aro - Saro -
Cor - Cola -
Caro - Calor -
Lar - Ar - Orla -
Raso - Solar -
Rosa - Arco -
Claro - Corar -
Saca - Saco -
Acaso - Socar -
Rola - Rolar -
Sola - Rosca

A lista acabava aqui... mas uma revisão mais demorada demonstraria que podia haver mais palavras:

Ralo
Calo
Raro
Orca
Roca
Sal

—A lista não está completa...

—Claro, poderíamos achar muitas mais palavras. O interessante é, em primeiro lugar, a lista encontrada pelo cliente, e em segundo, o que fazemos a seguir. Pede-se à pessoa que para cada uma das palavras encontre uma ou mais associações.

—Por exemplo?

—Por exemplo...

Sol	**Brilho, luz, calor, intensidade, energia,**
Ar	**Liberdade, plenitude, infinito**
Caro	**Querido, importante**

—Poderia também ser o contrário de **barato**?

—Sim, mas a graça do jogo consiste em que a própria pessoa faça, em um primeiro momento, suas associações.

—Falaste em palavras que a pessoa não gosta de ter encontrado, podes dar um exemplo.

—Posso, **Ralo**, é uma delas.

—E?

—E que quando procuramos o porquê podemos ter informações muito interessantes. Continuarei com o exemplo.

Ralo por onde corre aquilo que vai pro esgoto (que vai mesmo!)

—Ralo foi associado a esgoto e a sujeira, [por isso foi inicialmente rejeitada...] mas, a seguir surgiram duas associações: ***quem não possui um esgoto... acaba esgotando-se. Um esgoto é necessário.*** E tem mais ainda:

Ralo: Aguado, sem "sustança"

Porém:

Ralo: De ralar, de enfiar a cara, de lutar.

—Bem, sendo assim, de quase cada palavra saem palavras que poderiam ser pontos de partida para novas associações...
—A idéia é essa. Quanto não cabe em uma única palavra, em um único nome! Não daria isso uma idéia da magnitude de tudo aquilo que está escondido dentro de cada pessoa? Quando as pessoas fazem este exercício encontram[se de uma e] mil formas.

E assim continua a farra:

Saco: Falta de paciência... más, também... entendo!
Calo: Do pé, mas também antes de falar uma asneira...fico calado!

—As possibilidades são... infinitas.
—Sim, é muito gostoso e rende muito.
—O terapeuta têm a possibilidade de agregar novas "leituras" às palavras que vão surgindo. E não é necessária muita criatividade para "bolar" uma brincadeira dessas.
—Tens razão, qualquer joguinho de letras desses que vendem por aí já propõe que se faça isso.

TOC... TERAPÊUTICO

Um outro exemplo, legal. Como muitas pessoas, Giselle presenteou-me com um diagnóstico. Foi chegando e dizendo: "Tenho TOC." E eu: "O que é isso?!" Ela: "Transtorno Obsessivo Compulsivo... TOC."

TOC! Só faltava essa. Como se faz com alguém que tem TOC? Talvez só tocando. Tocamos [inclusive o fundo do poço]. Conversando e revirando. Foram saindo os remédios [todos].

Juntos fizemos um poema conceitual:

Tocando...

Do

Toc

pro

Tô que tô!

—E?

—Aqui entre nós... continua tocando sua vida e tá que tá. Muito bem, obrigada.

PROBLEMAS DE ORTOGRAFIA

—Eu não jogo com as palavras, elas brincam comigo, insisto. O acontecido no atendimento de dona Martha dá uma boa idéia disso. Com ela conversamos de muitas coisas, mas uma esteve no centro das nossas preocupações: com muita freqüência sentia um mal-estar profundo que acabava dando lugar a uma alergia gigante. Sua alergia era tão grande que lhe impedia de realizar seu trabalho normalmente. Eu vi, um dia, suas mãos praticamente destroçadas! Era algo muito desconfortável.

Um dia acabamos falando de viagens e, dona Martha fez uma grande descoberta: durante sua viagem de férias a Portugal... não teve nenhum dos sintomas da alergia. Ficou livre dela durante um mês inteirinho! Quando explorei o assunto, percebi que como o marido não gostava de viajar... ela havia viajado só, sem ele. Sempre viajava sem ele, por sinal. E nunca, durante suas viagens, era incomodada pela alergia.

Como era a relação com o marido? ***"Ruim!"*** Disse-me ela, assim com maiúsculas. Basicamente feita de cobranças e reclamações (de ambas as partes). Daí à conclusão à que chegamos só havia um passo, ela não tinha um problema de alergia e sim um problema de ortografia:

ALERGIA

ALEGRIA

—Podes dar outros exemplos?

—Tudo bem, quero ver os outros exemplos, mas também que esclareças o que significa exatamente isso de que tu não jogas com as palavras, mas, pelo contrário, elas é que jogam contigo.

—É simples, e vou tentar responder. Eu gosto muito das palavras (e acho que a recíproca é verdadeira, também...), muitas vezes tenho a impressão de que dentro delas há incluídas mensagens não explícitas. Vou utilizar um exemplo recente, extraído de uma coterapia (não vou contar o processo todo, apenas um pequeno fragmento que pode ilustrar o que quero dizer).

Estava chovendo muito. O casal chegou um pouco atrasado (pela chuva, claro). A coterapeuta abriu a sessão com sua pergunta costumeira: "E aí, como têm passado?" Eles se olharam em silêncio e, depois de alguns segundos, o marido respondeu: "A tormenta passou. Já estamos um pouco melhor..." Pedimos que explicassem um pouco o que tinha acontecido. Enquanto eles falavam.... eu estava viajando.

—Viajando?

—Sim, guiado pelo som da palavra, viajei. Sabes o que eu ouvi? ***Atormenta***. Aí surgiu na minha cabeça a seguinte seqüência. A tormenta é o resultado de um atormenta. Estão se atormentando. Vivem uma tormenta. O que é que pode vir depois? Como será esse depois da tormenta? É para trabalhar isso, o depois, que estamos juntos. Se o depois da tormenta continua sendo atormenta, nada faz sentido. Aí eu vejo a frase.

Atormenta

Imediatamente, pergunto-me: "Quais são as letras dessa frase?

A t
o r
e m
a n
t

Quais seriam as frases significativas que cabem nessas nove letras? Mas não esqueças que eu quero responder à pergunta: o que vem depois da tormenta? Sabes o que vai aparecendo?

—Não faço a menor idéia. É justamente por isso que te fiz a pergunta.

—Pois bem, ao utilizar as letras da frase, vejo surgir a seqüência seguinte:

A tormenta

Atormenta

Morte nata

Teta morna

Amor tenta

—Engraçado. Mas qual é a sua utilidade? Como transformas isso em uma intervenção?

—Simples. Quando vejo o que saiu percebo que depois da tormenta temos três opções. O fim do casal. Um chove não molha com pequenos consertos aqui e acolá. E a tentação do amor. Escrevo as frases em um papel, mostro para a coterapeuta (que me olha de uma forma que, mais ou menos, quer dizer: "Você e seus jogos de palavras... gostei!) Com esse aval dirijo ao casal pergunto-lhe: "Qual vai ser a seqüência da tormenta?" **A morte nata** (essa relação já nasceu morta e é melhor que morra logo); **Teta morna** (vamos levando, uma vidinha mais ou menos); ou **Amor tenta** (a tentação do amor, a busca de um equilíbrio amoroso saudável). Ambos sorriram e responderam: "Amor tenta, é claro!" Percebes como é fácil?

—A bem da verdade sim.

"The flash!"

—O meu problema é que isso nem sempre parece evidente, e contribui para aumentar a tendência das pessoas à mistificação. Estou pensando especificamente nos alunos dos cursos de formação. Recentemente, em um dos meus cursos, em Santa Catarina, ao apresentar essa situação, uma jovem aluna perguntou: "Mas você já conhecia esse jogo de palavras?" Quando insisti que não, que era algo que tinha me ocorrido na hora, ela fez uma cara de espanto e eu pude ver que, entre os dentes, murmurava umas palavras. Ela achou que eu não ouviria mas eu compreendi, havia dito: "Assim só sendo The Flash!"

Para provar que não se tratava de nenhuma capacidade excepcional continuei e disse: "Só sendo The Flash!, então está bem, vou mostrar-lhes como eu sou bacana, como eu sou o máximo. Uma outra aluna havia me abordado, durante a pausa do curso, para contar-me uma situação pessoal. Depois de escutá-la eu pedi que trouxesse a história para todo o grupo. O assunto era o seguinte: Tinha um filho de dez anos que sofria de obesidade. Procuraram um endocrinologista que pediu para que o rapaz perdesse cinco quilos. O rapaz perdeu... dez. Mas rapidamente os recuperou. A mãe contava-nos seu drama. Queria ajudar o filho a perder peso, mas quando os outros filhos comiam bolo e sorvete, ela própria, sentindo pena do gordinho, servia-lhe boas quantidades.

—E como utilizaste essa história?

—Fiz uma única pergunta à mulher: "quantos anos tens?", depois de ouvir sua resposta ("Trinta e nove anos") e, com a sua permissão, assumi seu papel e falei do meu (seu) drama:

"Eu sempre quis ter um filho. Minha maior vontade na vida era ter um filho. Foi muito difícil, foi muito angustiante. Passaram-se alguns anos antes de poder realmente sentir que teria um filho. Quando o Joãozinho nasceu, eu não acreditava que aquilo era real. Era como um sonho. Era como se a qualquer momento pudesse vir alguém e tirá-lo de mim. Eu tinha que protegê-lo com todas as minhas forças"

Conforme eu falava, a mulher ia manifestando uma grande emoção. Com o rabo do olho, eu a vigiava, assim pude ver como escorria uma grossa lágrima bochecha abaixo.

—É o que sempre fazes, prestar atenção às reações das pessoas e conduzir o teu discurso conforme a informação que elas vão te fornecendo.

—Exato. Mas a maioria das pessoas tem tendência a só observar a pessoa que está falando (eu no caso), daí a conclusão de que se está "adivinhando" o pensamento das pessoas.

Bem, mas continuemos. Empolgado pela performance, dou vazão às minhas fantasias: "Queria tanto ter esse filho e tinha tanto medo de perdê-lo! Não queria que acontecesse nada de ruim com ele. E ele sempre me preocupou muito. Quando nasceu eu não desgrudava dele. Queria que não adoecesse, que fosse muito forte." E por aí afora. Quando as pessoas do grupo perceberam a emoção da colega, ficaram muito impressionadas. Ela, ainda por cima, disse: "Foi exatamente isso que aconteceu."

Nesse caso, só me restava perguntar: "Eu não sou o máximo?" Minha resposta é contundente: ***Claro que não!*** A seguir, destrinchamos juntos a situação.

—A chave da "adivinhação" está na pergunta que lhe fizeste sobre sua idade?

—Certamente. Quando me disse que tinha trinta e nove anos, bastou-me fazer uma simples subtração 39 - 10 = 29. Ela só teve seu primeiro filho aos vinte e nove anos. Habitante de uma pequena cidade do interior, e membro da nossa cultura, posso supor com facilidade que viu a maioria das suas colegas e amigas ir tendo os seus filhos. Ela provavelmente havia demorado mais do que as outras.

—Nessa situação, de duas uma, ou havia encontrado dificuldades para casar (uma das possibilidades de ter um filho), ou, havendo casado mais cedo, por um motivo ou um outro, tivera dificuldades para engravidar.

—Isso. E, em ambos os casos, a ansiedade pela gravidez poderia ser grande. A fantasia desenvolvida estava apoiada em uma hipótese simples, não era o produto de uma mente superior, capaz de captações extraordinárias.

—E acreditas que compreenderam?

—Creio que sim, porque ao final disse para a moça que tinha falado *The Flash*: "Agora vou penetrar nos meandros da tua mente e descobrir o teu pensamento: "Uns minutos atrás estavas pensando: 'É fantástico, mas eu nunca vou conseguir atingir esse ponto. Só alguém muito especial consegue ter uma percepção dessas'." Sorriu afirmativamente. A seguir, agreguei: "Mas agora estás pensando: 'Para dizer a verdade... não é tão complicado assim, basta saber ouvir e exercitar a capacidade de fantasiar. Um dia eu chego lá. Com certeza!" Sabes qual foi sua resposta? "Com certeza!" Todo o grupo riu gostoso.

—Então valeu. Mais um passo no processo de desmistificação da figura do terapeuta.

—Agora que já conseguimos dar esse passo, vamos falar de um outro tipo de intervenção. Quando eu comecei a trabalhar em Fortaleza, e estava muito longe de conhecer os trabalhos de Michael White, fazia algumas das intervenções que ele viria a popularizar.

—Como por exemplo?

—A distribuição de certificados (WHITE, M., EPSTON, D., 1993). Os primeiros certificados que eu entreguei eram mais bem humorísticos, eram Certificados de Burrice. Eu os outorgava para pessoas (também famílias ou casais) que, de uma forma ou de outra, faziam por onde manter o peso das suas dificuldades. Na história que vou contar a seguir, há um exemplo disso.

—Então vamos à história, que estou curiosa.

Eu quero morrer

Tão cedo passa tudo quanto passa!
Morre tão jovem ante os deuses quanto
Morre! Tudo é Tão pouco!
Nada se sabe, tudo se imagina.
Circunda-te de rosas, ama, bebe
E cala. O mais é nada.

Fernando Pessoa
Ficções do interlúdio

—Eu penso que ninguém quer morrer. Eu não sei se eu acredito que o ser humano tem algo como um instinto vital que o impede, em qualquer circunstância, de desejar sua própria morte. Sempre que me confronto com alguém que fala em suicídio, quer seja que tenha tentado ou não, tenho a forte sensação de que, por mais que se fale em morte e em morrer, não está falando do desejo de morrer, como já comentara em outro lugar (MOLINA-LOZA, C.A., 1998) .

—Mas tu mesmo tens falado de experiências muito fortes com suicidas. Será que no fundo pensas que essas pessoas estavam apenas "querendo chamar a atenção" como tantas vezes se ouve falar?

—Nem penso, nem jamais diria uma barbaridade dessas. A última coisa que uma pessoa que se encontra em altos níveis de estresse e de sofrimento (daqueles que conduzem às tentativas de suicídio) merece ouvir é isso: "está querendo chamar a atenção". Essa afirmação é tão idiota quanto banal. Ao final das contas, os seres humanos estamos, sempre, querendo chamar a atenção. E, ao ser confrontada com uma afirmação dessas, a pessoa sentir-se-á, e com justa razão, diga-se de passagem, menosprezada e humilhada. Uma das reações possíveis consiste em mostrar que não está apenas querendo chamar a atenção.

—E como é que demonstraria isso?

—Matando-se, efetivamente.

—Quer dizer que para ti, nesses casos, o suicida se mata para aqueles que não souberem ouvi-lo?

—Por um lado seria isso. Whitaker diz que o suicida sempre se mata para alguém.

—Nesse caso, então, estás falando de homicídio.

—Soa duro, mas é. O suicida parece obedecer ao mandato de alguém muito importante para ele (NEIL, J.R., KNISKERN, D.P, 1990). Nós, enquanto terapeutas, para não empurrar uma pessoa que sofre intensamente para o suicídio, temos que saber ouvi-la. Temos que saber acolhê-la e mostrar-lhe um genuíno interesse pessoal. Se ela se sentir aceita e ouvida poderá orientar sua energia vital para outros caminhos. Pode soar estranho, mas com isso quero dizer que o suicida, apesar dele mesmo, orienta sua energia vital para sua própria morte.

—Se um suicida não quer morrer, nem apenas chamar a atenção, então o que é que ele quer?

—Essa era a pergunta que eu queria ouvir. **Matar**. Há o desejo intenso de matar... a intensa dor que o faz sofrer. Sabes, é como se, para o ser humano, em algum lugar da sua alma houvesse algo que lhe permitisse acreditar que, depois de ter-se matado, estará livre desse corpo que abrigava a dor. O suicídio é a busca da paz, mas não do fim da pessoa, seria apenas o fim da dor. Eu imagino que a pessoa que sofre e começa a pensar no suicídio se imagina vendo o seu corpo, que não sente mais nada, e que não o obriga a sentir mais nenhuma dor. Aí pode respirar com tranqüilidade: estou livre.

—Quando falas de dor..

—Tanto faz que seja dor física ou moral. É a dor que ultrapassa aquilo que é aceitável, ou suportável, para a pessoa. Isso significa que a pessoa que tenta suicídio está querendo se proteger, percebes? Poupar-se da dor, evitar um sofrimento sentido como sobre humano.

—E o que pode fazer a terapia nesses casos?

—O terapeuta... abrir-se, proporcionar um espaço de convivência que permita a proximidade com a pessoa que sofre. E, partindo daí, construir junto com ela, novas perspectivas.

Para que fique claro vou contar a história de uma senhora que me procurou dizendo que queria morrer. Ouvir seu relato me deixou muito mal... Vivia em um inferno. (Talvez fosse mais próximo da verdade dizer que "morria em um inferno".) A primeira coisa que me disse é que estava com depressão. A seguir foi desfiando uma a uma as suas mazelas: tinha um problema nos pés; padecia de tendinite da mão direita (com invalidez definitiva); teve problemas sérios de vesícula e foi obrigada a submeter-se a uma cirurgia (retiraram-lhe a vesícula); estava com um herpes crônico no ombro; sofria de freqüentes ataques de taquicardia (que a deixavam extremamente assustada); tinha problemas de "cuca"... depressão. Ao falar da sua "depressão" foi mostrando como era sua vida: uma funcionária extremamente eficiente, sempre a serviço dos outros e a dar o máximo de si para satisfazê-los. (Era como se sua eficiência lhe servisse para ganhar, em retorno, umas migalhas de afeto.) Vivia com um marido alcoolista e violento que a destratava constantemente. Não tinha vida sexual (nenhuma) e...

—Era uma tragédia ambulante!

—E o que mais me impressionou foi o principal motivo da agressão do marido: casou com ela para esconder sua homossexualidade.

—Uma espécie de álibi?

—Não mais do que isso. E, durante anos a culpou por ter destruído sua relação com o homem que ele desejava.

—E por que, então, não se separava?

—Falar é fácil! Nos primeiros dias do casamento ficou grávida (daí nunca mais tiveram relações sexuais). Ela tinha um dívida com o filho. Por outro lado, quando ela falava em separação, o marido entrava em pânico e ameaçava suicidar.

—Que situação!

—No começo da terapia, Daniela entregou-me uma folha contendo um texto e um desenho, ambos feitos por ela e que expressavam seus sentimentos, queres ver?, então vamos:

Fortaleza, 25.05.91.

Dr. Molina,

Estou no fundo do poço, úmido e escuro.

Os meus olhos estão vendados, os meus ouvidos tapados, o bico amordaçado, as asas e pernas fraturadas.

As penas estão rotas e encharcadas, o coração partido e seqüelas por todo corpo.

Estou desanimada, angustiada e sem forças para viver.

Não sei se ainda há tempo e se vale a pena sair de onde me encontro, embora ainda me debata na escuridão. Sou um pássaro ferido e triste.

Se às vezes passo uma imagem diferente, não se engane, pois o meus olhos escondem uma lágrima, o meu sorriso não é mais do que um grito e um soluço disfarçado.

Preciso desesperadamente de ajuda, para voltar a enxergar, caminhar, libertar-me dos grilhões e quem sabe um dia consiga alçar vôo em direção do infinito.

Daniela.

No verso da carta, Daniela fez o desenho da ave ferida (ver figura 11):

Figura 11.

—É curioso como ela diz: “Se às vezes passo uma imagem diferente, não se engane, pois os meus olhos escondem uma lágrima... e o meu sorriso não é mais do que um grito e um soluço disfarçado.” A imagem que ela desenha também é de um belo pássaro, cujas feridas são invisíveis. Uma grande contradição...

—E toda essa contradição também estava refletida no seu aspecto externo. Ela era a própria expressão do desencanto, da angústia, da solidão. Mas, mesmo quando falava das coisas mais tristes mantinha um sorriso nos lábios. Parecia como se estivesse rindo do que dizia ou, então, como se risse de si mesma. A palavra depressão ficou dando volta na minha cabeça: Depressão...

Como muitas vezes eu penso com as mãos, peguei uma folha de papel e fiz um desenho. *Voici la copie du dessin.* (Ver figura 12.)

Essa figura externa, de certa maneira estereotipada que, gravada no papel, parecia representar tão bem Daniela, contrastava com tudo aquilo que ela havia falado a respeito das suas mazelas. Aí veio pergunta: “Quem realmente ela é?” O segundo desenho que saiu das minhas mãos ajudou-nos a entender (ver figura 13).

—Como assim depressão ou de pressão?

—Esse foi, a seguir, o fio condutor da nossa conversa com Daniela. O que é que se poderia esperar de uma pessoa que está vivendo uma situação como essa? Que esteja lépida e fagueira? Acho que não. Acontece que a depressão aparece como a única opção que se abre para a pessoa: como diz Georges DEVEREUX (1979). A cultura propõe às pessoas a opção de conduta aprovada por ela. Mas, paralelamente, oferece também a possibilidade de um comportamento “desviante”. Funciona mais ou menos como se a cultura nos apresentasse a situação assim: “Se queres ser reconhecido como um membro normal da sociedade, se queres ser bem aceito... comporta-te assim e assado. Mas caso venhas a sentir que o esforço que tens de fazer para conseguir esse comportamento normal, é tão grande que não possas sustentá-lo, tens a opção de te comportares assim e assado.” E neste último caso, cada cultura oferece uma série de opções desviantes: alcoolismo, depressão, transtornos psicossomáticos diversos, etc.

Como a palavra (ou palavrão se preferes) depressão tem uma conotação de transtorno interno (biológico, bioquímico, endógeno, ou como prefiras), a pessoa que assume que tem uma depressão, normalmente já supõe (e como diriam os neurolinguistas), programa inconscientemente seus males. Eu proponho uma pequena mudança ortográfica, que para mim reflete bem a situação. Ao partir a palavra em duas: **De** e **Pressão**, quero significar que tudo que ela está sentido é fruto de uma pressão muito intensa (ou de pressões muito intensas), para a qual ela ainda não encontrou uma saída satisfatória.

Depressão ou de pressão?

Figura 12

Depressão ou De pressão

Funcionária super eficiente... infeliz

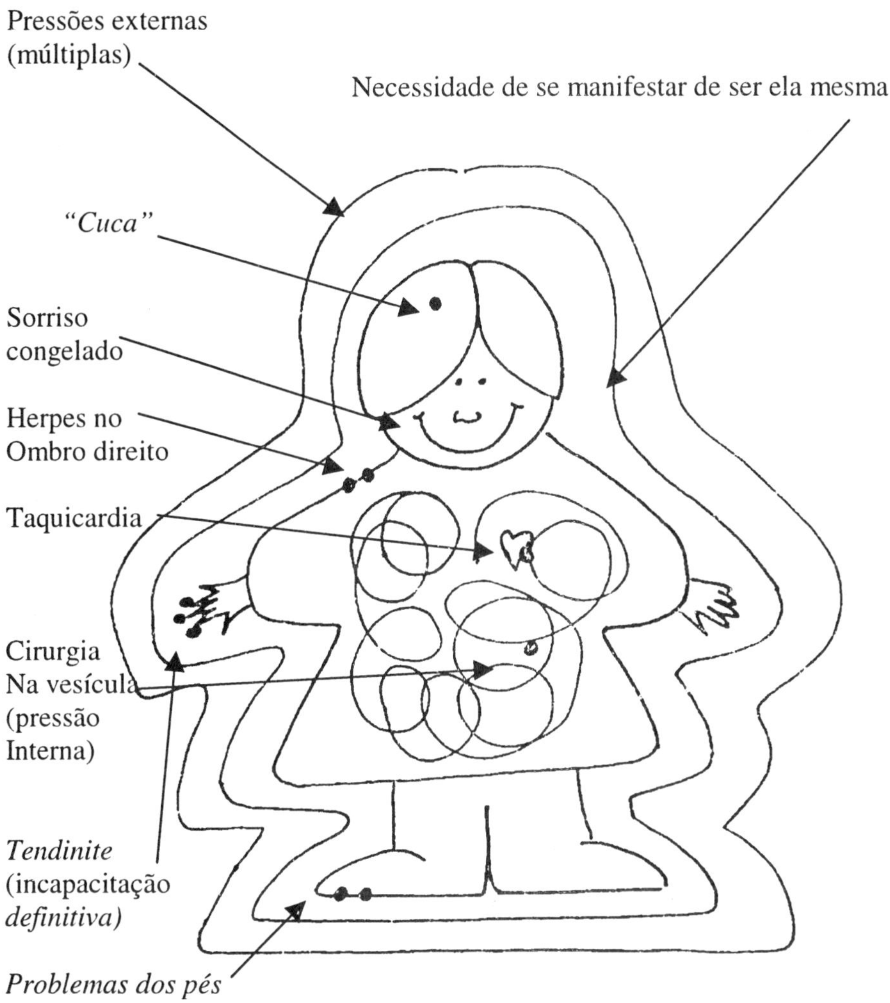

Figura 13

—De onde facilmente pode desprender-se que quando achar essa saída... essa situação de pressão desaparecerá e que ela poderá ser feliz?

—Isso! E, também, que como veio me procurar é isso exatamente que está querendo. Mas antes de entrar nesse ponto, preciso contar-te como iniciamos as nossas conversas. Ela entrou e de chofre disse-me: "Eu quero morrer!" Eu senti um choque. As suas palavras pareciam estar saindo do fundo do seu coração, do fundo da sua alma. Era impossível não acreditar no que estava dizendo. Era muito sério. Eu fiquei em silêncio um momento e só consegui dizer: "Quero que você me dê um prazo... peço-lhe cinco anos. Se daqui a cinco anos você ainda insistir nessa idéia eu... eu lhe ajudo. Mas, em contrapartida, se daqui a cinco anos você for uma mulher feliz, equilibrada e satisfeita, então aí você tem que organizar uma festa e convidar-me."

—E aí ela...?

—Sorriu com seu triste sorriso e respondeu: "Aceito!" Eu senti um alívio grande. Sabes?, era como se, de estar vendo um fantasma, passasse a ver um ser humano vitalmente disponível para a luta. Lembro que em uma ocasião eu lhe disse: "Você estava de luto e agora suprimiu o verbo auxiliar estar:

Do eu **estou de** luto

passou para o

Eu luto!

—E lutou?

—Muito. Com resultados muito bonitos. Durante a primeira fase ela começou a sair desse mundo escuro no qual quase nunca acontecia nada de positivo para ela. Apaixonou-se pelos nossos encontros. Segundo me dizia, a nossa sessão das terças feiras eram como uma grande festa para ela. Ia mudando tudo. E seu aspecto denotava suas mudanças internas, parecia cada vez mais viva.

Quando fizemos o primeiro balanço da sua vida, constatamos que ela vivia em função dos outros. Foi com ela que inventei o meu **Certificado de burrice**, que depois utilizaria para intervir em muitas outras situações. Desenhei bem bonito para ela e dei de presente. (Ver figura 14.)

—Um jumentinho sorridente e satisfeito com tudo que carrega!

—Aos poucos foi-se desfazendo da carga.

—Conseguiu?

—Sim, um belo dia chegou e me disse: "Hoje eu quero que me deixe sentar no chão", pegou umas almofadas e sentou no chão. Parecia uma criança muito satisfeita com alguma travessura. Eu também peguei almofadas e me sentei para escutar. Com muita emoção Daniela foi-se abrindo.

"Eu adoro as nossas conversas, os nossos encontros, você sabe disso. Mas também sabe que tem uma hora que a gente tem que tomar certas decisões, mesmo que seja difícil. Creio que chegou a hora de eu parar de vir aqui. Não fico feliz de estar dizendo isso, mas estou feliz de poder estar dizendo isso. Você me entende? E o fato é que já consegui o que queria. Sei que se continuasse vindo aqui, continuaria aproveitando, e muito. Mas também sei que tenho que viver por mim mesma, eu própria conquistar o meu espaço. E hoje... hoje eu estou diferente, hoje eu sou diferente. Hoje eu sou uma mulher. E também sei o que é um homem. Nem sei se isso vai continuar... mas isso tem pouca importância."

—O que é que tinha acontecido? Eu não estou entendendo.

—Se a deixas contar poderás entender, é muito simples. Deixa-a continuar:

"O fato é que ontem saí com um homem... passamos toda a noite juntos e hoje eu estou sentido o meu corpo todo... todo alterado. Eu sei que eu sinto, eu sei como é! Eu sou feliz! Eu conheço a vida!"

—Percebes? O amor pelos nossos encontros havia sido canalizado para um outro alvo. Agora estava livre. E livre que voasse. Foi nosso último encontro.

—Nunca mais soubeste dela?

—Deixei passar um tempo e lhe pedi que fizesse um pequeno balanço do nosso trabalho. Uns dias depois recebi o seguinte texto.

Dezembro de 1991.

Dr. Molina,

Antes de tudo gostaria de me desculpar por demorar tanto a atender-te, pois embora considere redundância o meu relato, não poderia por hipótese alguma negar um pedido teu.

Bom, na minha frenética busca por uma vida plena, passei pelas mãos de vários profissionais, considerados medalhões sem nunca conseguir atingir o meu objetivo, muito menos elucidar questões arraigadas ao longo de minha vida.

Ao contrário conseguia mais e mais confusão mental, culpas e desespero.

Fiquei com teu nome na minha agenda por um longo período. Embora a indicação partisse de pessoa em quem confiasse plenamente, eu já não acreditava em profissional algum.

A cada dia mergulhava mais e mais no meu inferno particular, no fundo do meu poço úmido e frio.

Não sei como nem porquê e um dia, enchi-me de coragem e marquei uma entrevista.

No dia marcado parti para a clínica cheia de medo e insegurança.

Ao chegar fiquei decepcionada pois esperava um senhor grisalho e com ar paternalista, no entanto esperava-me um profissional jovem e belo.

Aí pensei: com toda essa juventude e beleza, não pode ter a experiência que necessito para sair da minha letargia, pois estava totalmente desenergizada, sem forças nem vontade para viver. Nada tinha sentido para mim e desejava ardentemente a morte como um bálsamo para os meus males.

Enganei-me redondamente. De repente, aquele gatinho lindo transformou-se, adquiriu uma nova forma, forte, arrojada, vibrante, dinâmica, com as colocações corretas na hora precisa, conseguindo ler nas entrelinhas o que eu tentava, embora a nível inconsciente ocultar.

Foi um parto dolorosíssimo na minha terapia. Consegui entregar em uma patinha com toda confiança, toda a minha dor, medo, anseios, conseguindo expor as chagas que nenhum ser humano jamais vira.

Tive alguns problemas de concentração por dois motivos:

1- Estava com um cansaço mental tamanho, que muitas vezes entrava em devaneios, ficava enroscada em mim, lembrando das minhas feridas, enquanto tu falavas, colocavas pontos importantes, sofria comigo, brigava, dramatizava e de maneira simbólica tentava desesperadamente me erguer, me tirar do estado catatônico.

2- Por seres tão bonito, me desconcentrava e me pegava pensando: Meu Deus, como pode alguém ser tão belo assim! E ficava sorrindo curtindo o teu visual.

Embora a terapia tenha sido dolorosa, como deve ser, já que o propósito é descobrir os pontos fracos, remexer nas cicatrizes profundas e dolorosas, a verdade que cada um tem dentro de si e tenta entender, buscar respostas para nossas questões, saindo do nosso mundo cômodo para uma sofrida busca da nossa razão, para finalmente renascer das cinzas, teve um lado maravilhoso que foi curtir um profissional tão íntegro, tão correto, tão maravilhoso e brilhante.

Quanto ao fato que promoveu o meu desabrochar, não posso especificar. A cada sessão eu crescia um pouco. A sua força era a minha força, sua vontade a minha vontade.

Passei a ter mudanças de comportamento incríveis, e, sempre ousando, consegui reverter o quadro de opressor e oprimido do meu relacionamento conjugal, me impondo sem agressividade, de uma maneira sutil, conseguindo resultados fantásticos.

No momento não conto com ajuda profissional alguma, faço apenas "Beira-mar-terapia" e "Evangelho terapia", além de continuar com a "biodança".

Quanto a minha "alta" acho que foi precipitada, fiz uma opção para caminhar sozinha. Foi uma maneira de provar para ti, e principalmente para mim, que tua terapia funciona, que você me energizou, me preparou para a vida, abrindo a minha gaiola e mostrando-me o infinito céu azul.

Hoje sou uma pessoa mais madura, embora tenha conseguido que a criança que existe em mim se manifeste muitas vezes.

Tento gerir a minha vida da maneira que considero mais coerente com os meus anseios e sei também que tenho um trabalho árduo pela frente.

Muitas e muitas vezes tenho sentido necessidade de ti, pois tive o ano mais difícil da minha vida, com muito sofrimento, mas sei que ele promove o nosso crescimento.

Ainda tenho muitos vôos razantes onde fraturo as minhas asas e penso em ti imaginando que orientação darias em determinadas situações.

Busco então a minha força criativa interior e resolvo. Sei que não seria a que colocarias, devido a tua experiência, mas para mim no momento é a melhor que consigo.

Acho também que tenho vivido a minha "Revolução Silenciosa" e tenho tido mais aceitação e menos desespero nas minhas crises, aproveitando o momento para uma sondagem introspectiva.

CERTIFICADO DE BURRICE

Figura 14

Te considero o meu artífice, embora por minha culpa, minha pressa, não tenhas conseguido resolver todas as minhas questões, o que seria impossível para qualquer profissional, mas para mim fundamental tua ajuda.

Me considero uma pessoa privilegiada por ter contado com tua ajuda profissional, mas não tenho conservado só para mim, tenho levado o teu nome a todas pessoas que sinto que precisam de ti.

Que Deus te abençoe e continue te iluminando, dando forças e orientação para ajudar pessoas que, como eu, chegarem desesperadas, sem ânimo e sem futuro.

Um abraço da

Daniela

—Concordas com ela, o desfecho foi precipitado?

—Concordo com ela quando fala que muitas vezes sentiu necessidade de voltar à sua terapia e que teve que resolver ela mesma. Essa foi a melhor solução. Daniela continuou sua terapia consigo mesma. A fantasia daquilo que eu poderia ponderar só a ajudava a partir para suas ponderações e achar suas respostas. "Busco então a minha força criativa interior e resolvo." Essa é a resposta, foi isso que ela aprendeu a fazer. O mérito é dela. E essa é a minha grande satisfação. O desfecho não foi precipitado.

—E a festa que ela teria que dar?

—Esperei que transcorressem cinco anos, quando chegou a data liguei para ela e perguntei-lhe como estava. A primeira coisa que ela disse, depois de confirmar que era eu, foi: "está lembrado dos cinco anos?" Eu respondi: "Por isso é que eu estou ligando." Conversamos um pouco e disse que continuava bem. Contei-lhe a respeito do livro (***Destino familiar, desatino terapêutico***) e, depois do outro, que na época estava em gestação (e que agora está quase pronto), sabes qual? ***O espírito da coisa*** (para o qual estava destinado o relato do trabalho com Daniela). Finalmente perguntei-lhe se me permitia contar a história do nosso trabalho. Como concordou, agreguei mais um pedido: "O balanço dos cinco anos."

—Mandou?

—Ainda não, vamos esperar um pouco já que este livro ainda não está pronto. Se mandar... colocaremos aqui o seu depoimento.

—Agora, antes de concluir, não esqueças que havias prometido que me contarias a história de Romãozinho...

—Temos que concluir esta parte, essa história vai no anexo.

—Então até lá.

A carta chegou!

—O livro estava quase indo, para a gráfica, quando a carta de Daniela chegou. É com um imenso prazer que a incluo aqui para encerrar esse capítulo com mais uma avaliação de balanço, com mais um depoimento de seguimento.

—Transcreve-a logo, que estou curiosa...

Fortaleza, 05.02.2000

Dr. Molina,

Quando comecei a terapia a depressão me dominava e eu só queria morrer. Aprendi contigo a domina-la e a caminhar. Não tem sido fácil, e muitas vezes a depressão me ronda e algumas vezes senti até vontade de morrer. Então eu reflito e afasto imediatamente o pensamento e toco para frente.

Acho que isso responde a pergunta. Estou viva, me sinto viva e caminhando.

Que linda mensagem de fim de ano; é isso exatamente que percebemos acontecer na prática; sua vontade de conseguir um milagre é gritante, sua dedicação sem limites. Parece até que você gostaria de ser Deus e fazer com que todos nós fiquemos bem, inteiros, vivos e felizes. E é isso exatamente que desejamos também para você.

Um grande abraço,

Daniela

P.S. Demorei a responder, pois estive de cama com pneumonia (obra e graça do estresse).

—Eis, mais de cinco anos depois, o testemunho de Daniela.

—Bem, mas não vamos concluir por aqui, não é? Quero encerrar as conversas com uma história, com um conto. Tens por aí algum que, na tua opinião poderia ser interessante?

—Na minha opinião sim, mas não sei... é uma história que mexeu muito comigo.

Capítulo VI

Histórias do baú

—Estou pronta... sai a história?

—Sim, e a história que vou contar, como dizia, tem um sabor todo especial. Quando a entreguei para seus destinatários, estava muito emocionado. Era como se todas as minhas esperanças no crescimento da família estivessem concentradas no pedaço de papel que estava entregando para ela. Mas, depois, experimentei um amargo sabor de fracasso.

—Aguarda um pouco, por favor. Já estás falando de entregar a história da família e ainda não sabemos nada do que aconteceu. Poderias ser tão gentil de começar pelo início.

—Tudo bem. Alguns anos atrás, fui chamado para participar de um atendimento que estava sendo realizado por duas colegas, Neuza Pereira e Grace Araújo do **Ágora**[1] de Brasília. Tratava-se de uma situação muito complexa que, segundo elas, fazia necessária minha participação.

—Como era a família?

—A família estava composta por uma senhora, que eu vou chamar de Ar-nek, e o seu filho. Ponto. Ela, que havia vivido uma infância e uma juventude extremamente sofridas, era mãe solteira de um filho adotivo, que aqui se chamará Jonas. Para resumir a história, quando Ar-nek adotou Jonas, este estava em um estado deplorável e ela teve que lutar muito para que ele sobrevivesse. Além da saúde do bebê ser muito precária, não havia contado

[1] **Ágora**: Centro de formação e atendimento em terapia familiar e fonoaudiologia com sede em Brasília, no qual o autor realiza um trabalho de formação e supervisão de terapeutas de família.

com os mínimos cuidados essenciais para a vida. A mãe não contou com nenhuma ajuda da sua família para criar seu filho. Eles, no seu dizer, além de terem atrapalhado suas tentativas de constituir sua própria família, opunham-se à adoção.

Quando, depois de inenarráveis esforços, poderia se dizer que havia alcançado seu objetivo —tinha um lindo e saudável filho— começou a ter problemas com ele. Seu comportamento constituía uma provocação permanente. Sua mãe vivia desesperada e não sabia o que fazer com ele. Seu desespero chegou ao ponto de tentar "desadotar" seu filho: pensava em devolvê-lo.

Meu primeiro contato com a família foi muito bom. Fizemos alguns acordos —sobretudo com Jonas— e quando nos encontramos, um mês depois, os resultados eram surpreendentes. A mãe estava muito satisfeita e Jonas muito feliz. Nesse dia Jonas viu meu livro, ***Destino familiar, desatino terapêutico***, em cima de uma escrivaninha do consultório e começou a examiná-lo de cima a baixo. Olhava para mim com curiosidade e, finalmente, perguntou-me: "Doutor Molina, este livro é do senhor?" Diante da minha resposta afirmativa, deu um pulo e com uma cara de júbilo disse para sua mãe: "Oh!, mãe, olha aqui, este livro foi escrito pelo Doutor Molina!"

Na sessão seguinte, ele quis novamente ver o livro e perguntou se podia ter um. Nesse momento pensei em fazer-lhe uma proposta:

"Jonas, se realmente queres ter um livro meu, proponho que escrevamos um capítulo do novo livro. Se tu me ajudas, vais ganhar um de presente."

—Ele aceitou?

—Na hora! Combinamos que cada um de nós faria duas histórias e que depois as juntaríamos e as publicaríamos. As nossas histórias deveriam chamar-se "Romãozinho, um menino muito levado" e "Jonas, o menino do belo sorriso".

—E ambos cumpriram o trato?

—Aguarda. Quando comecei a escrever (a primeira parte a escrevi em Florianópolis, nas pausas do curso de formação que estava ministrando) mudei o roteiro e acabei fazendo uma única história (a segunda parte foi concluída em Quebec, nas margens do rio São Lorenço.)

—Qual foi o motivo da sensação de fracasso?

—Depois de lermos a história para a família —o que, para dizer a verdade, provocou uma grande emoção em nós cinco— combinamos um novo encontro, em que Jonas entregaria sua parte. Ele estava muito feliz e pediu que lhe déssemos uma cópia encadernada.

Eu não sou ingênuo a ponto de supor que o conto terapêutico, por si só, possa ter o poder de reverter uma situação como a da família de Jonas. Eu, como outros autores, acredito que ele constitui um instrumento de valor inestimável em muitos processos terapêuticos (CAILLÉ, P., REY, Y., 1988, KEROUAK, M., 1996, MOLINA-LOZA, C.A., 1996, ROSEN, S., 1986, SALOMÉ, J., 1993, ZEIG, 1995 e SD) e como tal o utilizo. Mas os acontecimentos, dos quais tivemos notícias a seguir, eram para lá de desalentadores. Jonas havia feito das suas. Sua mãe, no desespero, tinha lhe dado algumas daquelas surras que não se esquecem durante toda uma vida.

—Tudo parecia ter voltado à estaca zero.

—Exatamente. Nós, Grace, Neuza e eu, sentimos um grande desalento. Na nossa fantasia era como se estivéssemos vendo o querido Jonas jogando-se de cabeça em um poço sem fundo, perdendo-se. Felizmente para todos nós, poucos dias depois de uma seqüência bastante crítica, Grace e Neuza tiveram uma série de encontros em que a família redefiniu sua vida. Mudariam de cidade e, com a ajuda da família, iriam instalar-se em um outro reino, distante daquele onde tanto tinham sofrido.

—Jonas fez suas histórias?

—No momento em que escrevo estas linhas... ainda não as recebi e, para dizer a verdade, não sei se esta história não deverá ser colocada em outra parte... (no capítulo "Como se fracassar em terapia..." do meu outro livro: ***Teoria da tarefa: famílias e terapeutas construindo novos caminhos***, atualmente em preparação.) No fundo do meu coração, espero que não. Creio que poderei, no final, poder agregar as histórias de Jonas e boas notícias sobre eles.

—Que te parece passarmos agora ao conto que escreveste, depois vemos as continuações.

—Vamos então com mais um conto...

Romãozinho
o menino que queria ter...

Era uma vez, no distante reino de Ailisarb, um menino chamado Romãozinho. Contam as lendas que era tão levado, mas tão levado, que as pessoas chegavam a fugir dele. Era como se temessem ficar em sua companhia. E nada deixava Romãozinho mais descontrolado que perceber esse temor nos olhos das outras pessoas. Quando percebia esse medo nos outros, Romãozinho ia saindo de si e assumindo uma atitude extremamente desagradável. E essa era a grande tristeza de Romãozinho, porque quando ficava irritado sua figurinha sofria uma série de transformações: todo ele ia se tornando cada vez mais feio e repulsivo. Mudava de cor, seu cabelo grudava e exalava um cheiro muito forte, tão forte que, em muitas circunstâncias, as pessoas eram capazes de antecipar a chegada de Romãozinho apenas pelo mau cheiro que sentiam. Nesses casos, ao primeiro sinal desse odor repugnante, saiam correndo e gritando: "Ele vem vindo!, fujamos dele, ele sempre estraga tudo!"

Essa era a vida de Romãozinho. Sempre sentindo-se rejeitado e só, quando seu maior desejo era ser aceito e ter amigos. Um belo dia, no meio de uma profunda tristeza, quando andava a esmo, sem ter o que fazer, percebeu, muito assustado, que tinha chegado muito perto da Floresta Encantada. Sentou-se no prado e, como muitas outras vezes, lançou ao vento a mesma pergunta: "Por que tinha eu que nascer?! Se ninguém me quer, se ninguém gosta de mim!"

Romãozinho era atormentado por essa pergunta que martelava sua cabecinha. Por isso, antes de acompanhá-lo na sua primeira aventura na Floresta Encantada, vamos contar do seu nascimento.

O nascimento dos bebês no Reino de Ailisarb

Naquela época, em Ailisarb, os bebês ainda não nasciam como nascem os bebês hoje em dia. O método do nascimento era muito diferente. Tudo estava sob a responsabilidade do Ministério das Fazendas do Reino, e as pessoas que desejavam ter um bebê tinham que esperar a época do ano em que o Encarregado geral do Ministério das Fazendas proclamava que estava aberta a época das inscrições. Quando se dava essa notícia, era aquele rebuliço, todos os candidatos e candidatas a receberem um bebê corriam atropelando-se com o intuito de entrar na fila das inscrições. Aqueles felizardos que conseguiam sua inscrição, passavam a esperar ansiosamente pelo dia em que seria realizado o grande sorteio. Os ganhadores do sorteio, que não eram muitos, deviam apresentar-se para preencher uma nova solicitação (a qual também poderia ser indeferida) e que seria recolhida pelos funcionários do Ministério das Fazendas para serem devidamente arquivadas, repassadas ao Ministério da Agricultura. Os candidatos sorteados e reinscritos tinham que aguardar que os bebês estivessem. prontos. Como prontos!?, poderão dizer vocês com assombro. Pois bem, têm todo o direito de espantar-se. Porque no Reino de Ailisarb os bebês eram criados na fazenda.

Como? Esperem e desvendarão o mistério. Dizíamos que os sorteados deviam esperar... esperar que as colheitas dos frutos da estação estivessem concluídas. Cada ano eram escolhidos os melhores frutos, para que no seu interior fossem colocadas as sementes dos novos bebês que viriam ao mundo. Quando os frutos estavam bem no ponto, bem maduros e gostosos, recebiam sua respectiva semente de bebê. Esta semente de bebê ia germinando lentamente dentro do fruto até o dia em que, pouco antes de aparecer o primeiro brotinho de bebê, o responsável pelas listas dos sorteados tocava uma grande corneta que era ouvida em todo o Reino (assim as pessoas ficavam sabendo que estava começando o fornecimento da nova safra de bebês).

A partir desse instante, tudo devia ser feito com muita rapidez, porque o som da corneta acelerava consideravelmente o despertar e o crescimento dos bebês dentro dos frutos.

Os responsáveis de cada uma das áreas aprontavam a maior correria, cada um querendo cumprir com sua tarefa da melhor maneira possível. Todos achavam que sua função era da maior importância (e claro, não estariam certos? O que é mais importante que ajudar um bebê a crescer e a desenvolver-se, a encontrar o caminho do seu lar?) Vocês podem imaginar com facilidade o alvoroço e a alegria que inundava o Reino de Ailisarb nos momentos que antecediam a partida dos carros cheios de frutos enxertados com bebês! Tudo era animação, tudo era felicidade! Mas... tudo? Enquanto para a grande maioria dos habitantes do Reino de Ailisarb, os bravos ailisarbenses, esse era um dia de grande alegria... havia uma casinha e um coração no qual esses mesmos dias traziam uma grande tristeza.

Uma casinha e um coração muito tristes

Sim infelizmente, havia uma casinha que não se enfeitava e da qual nunca saiam risos e festejos de bem-vinda à nova safra de bebês, apenas soluços e lamentações. E por que tanta tristeza? Porque sobre sua dona pesava uma maldição. Quando novinha, uma poderosa bruxa má tinha lhe rogado a pior das pragas imagináveis... jorrando fumaça pelas ventas, com os olhos injetados de sangue, disse-lhe com um horrendo berro: "Tu nunca serás sorteada, tu nunca receberás um fruto com uma semente de bebê!"

Essa criança cresceu e esqueceu o pesadelo da maldição. Mas, anos mais tarde, lembraria daqueles aziagos dias em que vira a bruxa má lhe fazendo a horrorosa previsão. Muitas foram as tentativas feitas pela jovem para participar dos sorteios e poder, assim, ganhar o seu bebê. Mas ela nunca conseguiu o seu objetivo. Descendente de uma temida tribo Ebará do deserto de Onabil, Ar-nek, porque este era o seu nome, nunca conseguiu o apoio dos seus, os onabileses, que a vigiavam e não permitiam que ela se dedicasse como era o seu desejo à luta pelo sorteio. Ela sabia, no fundo de seu coração tinha a certeza que conseguiria ser uma boa mãe e se desesperava com a indiferença e até a oposição dos seus irmãos onabileses à sua luta. Essa era a sua maior tristeza. Assim, quando todo o reino de Ailisarb mergulhava na bagunça da festa das boas vindas aos novos bebês, na casa de Ar-nek reinava a maior agonia.

Mas essa não era a única marca de profunda tristeza na vida de Ar-nek. Sua infância havia sido muito sofrida e dolorosa. Os primeiros dias da sua vida foram passados no meio das tribulações de uma terrível guerra tribal, que arrasou e dizimou diversas populações do deserto de Onabil. Quantas e quantas vezes a pobrezinha da Ar-nek não sentiu que iria morrer despedaçada pela explosão de uma dessas horrorosas bombas que atravessavam o céu, trazendo sua mensagem de morte e desolação? Em muitas ocasiões, também, a pequena Ar-nek sentiu sobre o seu corpinho, e sobre sua alma, o peso da injustiça e da opressão dos membros do seu clã. Durante anos, Ar-nek foi acumulando uma mágoa e uma revolta que nunca puderam ser manifestadas e que ficavam oprimindo o seu peito. Ela vivia sob o império do medo, do pavor. Sua raiva contida voltava-se contra ela própria, aumentando a sua já grande angústia.

O nascimento de Romãozinho

Até que um belo dia de muita festa no Reino de Ailisarb, estava Ar-nek trancada a sete chaves, na tentativa de fazer de conta que nada estava acontecendo lá fora. E lá fora haviam-se aberto as portas da Fazenda e por ela saíam disparados os carros carregados de frutos com sementes de bebês. A casa de Ar-nek ficava exatamente no caminho em que passavam os carros e sua agonia era infinita quando ouvia o passar de cada um. Ela os conhecia muito bem, sabia quais carros iam carregados com que frutos. Mentalmente ia contando um a um, a luzinha da sua esperança só se apagava naquele momento em que passava o último e se perdia na distância o som alegre das suas rodas sobre a estrada. Esse silêncio que sucedia à passagem dos carros era um silêncio de morte para Ar-nek.

Mas aquele dia, ela ouviu nitidamente que o último carro deu um solavanco. Imaginou seu salto e, segundos depois, ouviu, nitidamente, como se tivesse sido no meio da sua cozinha, o ruído de algo que caía. Ar-nek deu um pulo e em segundo estava na estrada. Imediatamente seus vivos olhos perceberam que na beira da estrada havia um fruto caído, muito vermelho. Era uma bela Romã. Estava toda aberta, com seus belos grãos a mostra. Ar-nek estava embevecida, dentro da romã havia um minúsculo bebê. Seu coração sofreu um aperto muito grande. A queda, além de abrir a romã, havia machucado seriamente o bebê. Por um instante, uma nuvem negra escureceu sua alma... poderia perdê-lo? Não!, isso jamais. Esse bebê tinha chegado para ela e por nada no mundo ela o deixaria morrer. Como tinha chegado dentro de uma romã, disse para os seus botões, "seu nome será então Romãozinho". (A partir desse dia ela passou a ser conhecida como dona Romã, e assim é que a chamaremos daqui em diante.) Tão absorta estava dona Romã com os seus pensamentos que esqueceu que estava no meio da rua. Ao voltar a si, tomou sua decisão e, sem hesitar um instante, olhando para todos os lados para verificar se ninguém poderia roubar-lhe o bebê, carregou-o para dentro de casa, fechou todas as portas e janelas e o escondeu.

Por que tanto medo? Como já dissemos, dona Romã sabia que não contaria com a ajuda dos membros do seu clã, os poderosos descendentes do Reino de Onabil. Eles sempre a desencorajaram e dona Romã sabia que com Romãozinho não ia ser diferente: eles tentariam fazê-la desistir. Jurou que ela seria mais forte que todo o clã e que ninguém lhe impediria de ser mãe. A partir desse momento, dona Romã dedicou-se ao cuidado do seu bebê. Quantos ungüentos, quantas pomadas, quantas rezas não foram necessárias para salvar Romãozinho! Dona Romã perdeu a conta. Mas seus esforços não foram em vão: era a feliz mãe de uma linda criança. Ela soube, com muita paciência e no meio de muitos sacrifícios, prodigar-lhe todos os cuidados necessários à sua sobrevivência e ao seu crescimento. Quando dona Romã olhava para a carinha satisfeita do seu filho... levantava os olhos e agradecia ao céu a graça recebida.

Infelizmente, a felicidade de dona Romã não duraria muito. Renegada pelo clã dos onabileses, teve que enfrentar a educação do seu filho sozinha. Quantas vezes não sentiu a dor da morte ao sair para trabalhar e ter que deixar sozinho o seu querido Romãozinho.

Assim passaram-se os anos, e, Romãozinho foi crescendo em companha de dona Romã. À medida que crescia, Romãozinho ia ficando mais saudável e esperto, mas, devido à falta de apoio dos membros do clã, dona Romã ia perdendo cada vez mais a possibilidade de dar-lhe uma educação adequada. Foi assim que Romãozinho foi aprendendo a se virar sozinho na vida, que foi descobrindo as diversas travessuras que fariam sua fama em boa parte do Reino. O nome Romãozinho chegou a ser sinônimo de malvadeza, de falta de coração, de crueldade.

E quais eram essas atitudes de Romãozinho que lhe valeram tamanha reputação? Ele fazia de tudo: abusava da boa fé das pessoas, fazia estragos nas propriedades alheias, exibia-se nu nas ruas da aldeia, usava palavras muito feias e agressivas, tentava provocar reações de espanto e desaprovação nas pessoas. Isso era tudo? Não, Romãozinho havia começado a roubar. Mas, seria Romãozinho um ladrão? Não, não se pode dizer que ele fosse ladrão. Seus roubos pareciam não ter sentido. Não roubava para si próprio. Muitas vezes os ailisarbenses, e sua mãe em particular, perguntavam-se: por que ele faz isso? O que ele quer? E ficavam sem resposta diante da questão: "será que ele quer isso que ele rouba? Será que Romãozinho queria ter? Muitos tentaram decifrar o enigma mas, durante muito tempo, ninguém conseguiu

A outra pergunta que poderia colocar-se era a seguinte: era realmente Romãozinho um menino cruel e ruim? Não, de maneira alguma, havia um segredo no seu coração. Mas infelizmente para ele, as aparências pareciam indicar que ele era isso mesmo: um menino malvado. O que se sabia dele... eram suas piores travessuras. E por falar em travessuras havíamos dito que o acompanharíamos na Floresta Encantada.

Floresta Encantada... perigo!

Quando Romãozinho percebeu que estava às portas da Floresta Encantada levou, como dizíamos, um grande susto. Seu primeiro impulso foi sair correndo e voltar para casa. Imediatamente ouviu —dentro da sua cabeça— a voz da sua mãe que dizia: "Romãozinho, não quero que você vá à Floresta Encantada. Você sabe que essa Floresta é encantada. Bem no meio dela só tem duendes, gnomos e figuras travessas. Não quero que você se encontre com esses danados, porque se os encontrar você acabará sendo como eles, igualzinho a eles." Essas palavras faziam correr um frio gelado pela sua espinha.

Romãozinho ficou paralisado por alguns segundos, ouvindo o eco da amedrontadora voz da sua mãe. Quando se dispunha a voltar para a aldeia, Romãozinho lembrou da reação das pessoas ao vê-lo —com repulsa, rejeitando-o— e, sem pensar duas vezes, fechou os olhos e deu o primeiro passo para dentro da Floresta Encantada.

À medida que ia avançando, Romãozinho ia perdendo o receio inicial e sentindo-se mais à vontade. Andou muito, prestando toda a atenção possível a tudo aquilo que via e a todos os ruídos que ouvia. A Floresta era para ele um grande mistério. Em certo momento, perto de uma grande árvore centenária, Romãozinho percebeu que no meio do barulho geral podia identificar o som meio abafado de algo que poderia ser animais. Aproximou-se mais um pouco e qual não foi sua surpresa... não era o som de nenhum animal, eram vozes! Vozes diferentes e meio estranhas, mas vozes perfeitamente compreensíveis. Romãozinho encheu-se de curiosidade e resolveu que deveria descobrir do que se tratava. De um pulo já estava pendurado no galho mais próximo da árvore. Nem tempo teve de lembrar-se das advertências da sua mãe: "Romãozinho!, pára com isso, você sabe muito bem que eu não gosto que você ande subindo em árvores!" Com muita agilidade começou a escalada. Quando atingiu o ponto mais elevado ficou impressionado com a vista, era magnífica. Mas Romãozinho não tinha subido até lá para admirar a paisagem. Ele queria descobrir de onde provinham e quem eram os donos daquelas estranhas vozes. Não demorou muito e descobriu: em um canto da clareira que se abria ao pé da grande árvore, um animado grupo de duendes e gnomos conversava em altos brados. Romãozinho ficou impressionado, de boca aberta. E no fundo do seu coração ouviu o eco da voz da dona Romã que lhe dizia: "Romãozinho, eu não quero que você se encontre com estranhos, com pessoas que eu não conheço! Há muita gente má e com ela você só pode aprender o que não presta. Se você fizer amizade com elas, vai se encapetar ainda mais." Nessas estava, quando de repente, crac!, o galho em que se apoiava cedeu, fazendo um grande barulho.

O encontro de Romãozinho com os gnomos e os duendes

Grande foi o susto dos duendes e dos gnomos com o ruído do galho quebrado, todos correram apavorados. Romãozinho, que também havia levado um grande susto, ficou pendurado em um outro galho que estava mais embaixo. E assim estava, pendurado, debatendo-se para não cair, quando tornou a ouvir as vozes dos duendes e dos gnomos que saíam dos esconderijos, curiosos por ver o que tinha provocado o barulho que tanto os tinha assustado. Ao ver que os duendes e os gnomos voltavam, Romãozinho suspirou aliviado. Apesar do receio que sentia, era muito melhor que ver-se novamente sozinho. Seu coração havia ficado bem pequenino só de pensar que até os duendes e os gnomos da Floresta Encantada poderiam virar-lhe as costas e rejeitar sua presença. Por isso, mesmo percebendo que eles não tinham gostado de serem assustados, e que reclamavam em alto e bom som, sua volta lhe fez sentir que eles não o rejeitariam.

Ao vê-lo pendurado naquela altura, debatendo-se para não cair, os duendes e os gnomos pararam de reclamar e fizeram um profundo silêncio que durou por alguns segundos. Esse silêncio foi sonoramente interrompido pelas gargalhadas e a gritaria de todos. Pulavam e riam apontando para Romãozinho.

E Romãozinho, cuja situação não era muito confortável, mas mais confiante em relação a eles, encheu-se de coragem e lhes disse: "Ei, vocês aí, parece que estão se divertindo muito, não é? Acontece que para mim a coisa não está muito divertida. Não lhes parece que bem poderiam dar-me uma mãozinha para que eu possa descer daqui... vocês não querem que eu me espatife não chão, querem?"

Os duendes, surpreendidos pela arenga de Romãozinho, pararam de rir e fizeram uma roda, juntando suas cabeças para cochichar. Passados alguns segundos, o mais forte dos gnomos, um que tinha cara de ser o chefe, afastou-se do grupo de um pulo. Correu para perto da árvore e, com a facilidade com que o faria um esquilo, escalou o tronco da árvore. Quando chegou perto de Romãozinho, cujas forças estavam esgotando-se, disse-lhe: "Se és tão esperto... porque não sais dessa sozinho?" Irritado e cansado, Romãozinho respondeu:

"Esta não é hora de conversar,
se vão me auxiliar...
a trabalhar!
Se não, é só deixar,
não precisam me ajudar,
só, vou no chão, me espatifar."

Nem bem tinha acabado de falar, Romãozinho ouviu uma nova série de risadas de todos os duendes e dos gnomos que pulavam gritando "Bravo!" "Gostei!" "Fala mais!", e coisas do gênero. Depois de fazerem algumas piruetas —que a não ser pela incômoda situação em que se encontrava, Romãozinho teria apreciado muito— os duendes e os gnomos correram para perto da árvore, ajuntando-se justo embaixo do lugar em que se encontrava Romãozinho pendurado. Romãozinho apenas podia olhar o que eles estavam fazendo.

Nessas estava, quando sentiu que o chefe dos Gnomos começava a fazer-lhe cócegas por todo o corpo. Romãozinho, que não sabia se devia rir, reclamar, xingar, contorcia-se todo fazendo esforços para não cair. Quando não pôde mais segurar-se, fechou os olhos, soltou o galho em que estava e largou um grito que ecoou em toda a Floresta Encantada: "maaaaanhêêêê!" Como estava muito alto, enquanto caía teve tempo de pensar: "É o fim, vou me espatifar mesmo! Ah!, se tivesse obedecido minha mãe..." Qual não foi a sua surpresa ao perceber que, em vez de arrebentar-se no chão, como temia, foi amparado pelo grupo de duendes e gnomos reunidos que, a seguir, suavemente o depositaram no chão.

Finalmente... alguém aceita Romãozinho

O assombro de Romãozinho cresceu ao perceber que nenhum dos duendes ou dos gnomos se afastou dele reclamando do seu cheiro. Pela primeira vez em muito tempo sentiu-se aceito pelos outros. E como ninguém lhe exigiu nada, ficou muito satisfeito. Quando acabou a confusão inicial da queda, os duendes e os gnomos quiseram continuar fazendo aquilo que faziam quando foram interrompidos pela irrupção de Romãozinho. Ele achou ótimo. Sua curiosidade era grande. E que estavam fazendo os duendes e os gnomos? Estavam realizando uma das suas atividades favoritas.

Quando não estavam fazendo travessuras e traquinagens, juntavam-se para contar, uns aos outros, suas respectivas façanhas. O chefe presidia à sessão e determinava de quem era a vez de falar. O escolhido, assumindo um ar muito solene, tentava, ao falar dos seus feitos, provocar o máximo de admiração no resto do grupo. A narração de cada feito extraordinário era seguida de um coro de Ahhhh! e Ohhhh!, admirativos. Quando a situação relatada era, de certa forma, engraçada, todos soltavam sonoras gargalhadas, vivas!, hurras!, e pulavam com tal força que pareciam ser propulsados por poderosas molas.

Romãozinho ouviu aquela tarde histórias incríveis. Cada um era mais levado que o outro, nem os duendes nem os gnomos da Floresta Encantada respeitavam nada nem ninguém. Os mais velhos eram sempre um bom motivo para uma brincadeira de mau gosto, eram desobedientes e traquinas. Sempre estavam tentando enganar os outros, negavam-se a ajudar nas tarefas domésticas e, em resumo, eram uma verdadeira dor de cabeça para aqueles que se viam obrigados a lidar com eles.

Como Romãozinho era muito inteligente, rapidamente descobriu que eles tinham outra característica importante: eram grandes mentirosos. Tanto que resultava impossível saber ao certo se o que contavam era um reflexo fiel da realidade ou se, simplesmente, tratava-se de uma grande invencionice destinada a causar impacto entre os outros.

Nessa hora, Romãozinho sentiu com muita intensidade a força da presença da sua mãe no seu coração. Com tristeza imaginou que nesse preciso instante ela estaria trabalhando duramente para eles dois. Teve muita saudade da sua mãezinha querida e quis sair correndo, no ato, para estar muito pertinho dela. Estava perdido nesses pensamentos, quando percebeu que a algazarra dos duendes e dos gnomos tinha acabado. Não conversavam nem riam. Olhavam-no fixamente com um ar de expectativa. O silêncio só foi quebrado quando o organizador das conversas, com sua voz mais grave, disse: "Somos todo ouvidos. Romãozinho, é tua vez de contar tuas façanhas." Romãozinho levou um grande susto: como sabiam seu nome se ele não se havia apresentado! A seguir, sentiu muita vergonha, ele não tinha nem um pouco de vontade de ficar falando das suas travessuras. No fundo do seu coração algo lhe dizia que não queria ser um menino travesso. Mas o olhar insistente dos duendes e dos gnomos fizeram com que resolvesse falar.

Romãozinho vira herói dos gnomos e dos duendes

Mal abriu a boca para dizer "Eu não obedeço quando minha mãe me manda tomar banho..." e já os duendes e os gnomos explodiam em gritos de apoio e admiração: "Bravo!" "Viva!" Isso fez com que Romãozinho soltasse a língua e continuasse a falar das suas traquinagens: "Não ligo para as ordens das professoras. Escondo coisas. Brigo com os meus colegas." O grupo, com o seu entusiasmo, com o seu barulho, quase não o deixava falar, a algazarra corria solta a tal ponto que nem o chefe conseguia controlá-los. Mas o momento culminante da festa foi atingido quando Romãozinho empolgado disse: "Já roubei algumas coisas e sei inventar grandes mentiras!" Foi aquele Deus nos acuda, os duendes e os gnomos chegaram a extremos de excitação e gritavam em coro: "É o maior! Bravo! Conta mais! É o melhor! Viva!"

Romãozinho teve um sentimento forte e estranho. Estava dividido. Se por um lado, do seu coração surgia uma voz suave que lhe dizia que tudo isso não estava certo e que não devia fazê-lo (e no fundo, também sabia que dona Romã ficaria muito triste se soubesse), por outro lado, experimentava uma sensação de satisfação. Nunca antes ninguém lhe havia proporcionado tal sensação: era aceito e reconhecido. Por ambos os motivos, seu coraçãozinho palpitava com força. Nessa hora, disse para os seus botões: "tenho amigos, eles me aceitam, gostam de mim!" Sentiu um grande orgulho lhe enchendo o peito.

Nessas estava, quando percebeu que a noite estava caindo. Em poucos minutos o sol teria ido embora e seria noite fechada. Levantou-se dando um pulo e saiu correndo sem despedir-se dos seus amigos. Não parou de correr até chegar em casa.

A agonia de dona Romã

Romãozinho corria e, ao mesmo tempo, pensava, com pavor, que ia encontrar sua mãe esperando-o, furiosa, disposta a dar-lhe uma daquelas surras que lhe deixavam a bunda parecida com um bolo de morango, uma daquelas que fazem época. Por esse motivo, ao chegar perto da sua casa, diminuiu o passo e foi se aproximando muito devagarinho. Não queria ser surpreendido. Mas sua surpresa foi maior do que imaginava: sua mãe não estava aguardando preparada para castigá-lo. Ela não tinha nem condições de ficar em pé. Tanto o havia procurado e gritado seu nome pelas redondezas que estava exaurida e doente. Sem voz, com uma angústia mortal, sentia no fundo do seu coração que havia fracassado como mãe: "Onde foi que errei? O que foi que fiz para merecer este castigo"? Gemia bem baixinho. Dava dó vê-la nesse estado.

Romãozinho ficou petrificado de tristeza. Preferiria que ela o tivesse recebido com uma surra do que vê-la nesse estado lamentável. Sentia-se culpado e desejoso de aproximar-se e de cuidar dela.

Pode ser que vocês achem estranho que se diga que Romãozinho amava profundamente sua mãe, mas é a mais pura verdade. Ele sofria intensamente com o sofrimento dela, não suportava vê-la amargurada. No fundo da sua alma, sabia que dona Romã, isto é, a pequena Ar-nek, havia vivido a mais triste das infâncias, que sua história era um verdadeiro pesadelo. Sabia, também, que ela nunca havia conseguido descarregar toda sua raiva e o seu ódio. Esses sentimentos ruins estavam guardados dentro dela e lhe faziam muito mal. Romãozinho sentia que quando aprontava e provocava sua ira — mesmo que isso lhe custasse muito caro porque as surras que recebia eram homéricas— dona Romã conseguia jogar para fora um pouco dessa amargura.

Romãozinho sentia que ao provocar sua raiva, permitia que ela descarregasse e se libertasse um pouco de tudo isso que obscurecia o seu coração. O drama de Romãozinho era que enquanto não sentisse que essa ajuda havia deixado de ser necessária, ele continuaria cumprindo com o seu compromisso de servir de escape para a raiva contida da sua mãe.

Naquele dia em que Romãozinho viu sua mãe gemendo de angústia, ouviu surgir, do fundo do seu coração, uma voz muito doce que dizia "mãezinha, mãezinha, eu te amo". Romãozinho ouviu nitidamente essa suave voz. Parou e prestou mais atenção. O que era aquilo que falava dentro dele? Vocês também querem saber, não é? Pois esse é o segredo do coração de Romãozinho do qual falaremos a seguir.

O segredo do coração de Romãozinho

Como já foi dito, Romãozinho não era um mau menino. Essa afirmação pode parecer-lhes surpreendente, se se levar em conta a história até agora narrada. Nela nada levaria a crer que ele era bom. Mas era. Romãozinho amava profundamente dona Romã. Sempre que podia o demonstrava. De onde vinha todo esse amor? No coração de Romãozinho morava o pequeno Jonas. E esse quem é e de onde saiu?! Posso muito bem imaginá-los se fazendo esta pergunta. Para entender temos que voltar à história do seu nascimento.

Bem. Lembram dos carros que saíam carregados de frutos em que haviam sido enxertadas as sementes de bebês? Pois bem, cada carro era encomendado a um anjinho protetor que devia velar pelo bem estar de todos os bebês das frutas. Seu trabalho só terminaria quando o último bebê tivesse sido entregue. Quando a fruta de Romãozinho caiu perto da casa da sua futura mãe, o anjinho Jonas ficou muito preocupado e indeciso, não sabia o que fazer: se cuidasse do carro com todos os outros bebês, teria que abandonar Romãozinho. Se ficasse com Romãozinho, "abriria asa" de cuidar do resto de bebês. Ainda não tinha tomado nenhuma decisão quando, de pronto, viu que surgia veloz a figura de dona Romã e, sem perder um segundo, resolveu esconder-se. É que os anjinhos protetores dos bebês tinham proibição expressa de deixar-se descobrir pelas pessoas. Jonas entrou de cabeça na romã em que estava Romãozinho, mas em vez de entrar em um dos grãos do fruto, como era seu propósito, entrou diretamente no coração do bebê. Desde seu esconderijo ficou vigilante: antes de tomar qualquer providência, queria tirar a limpo quem era essa senhora e quais eram suas intenções. "Porque —dizia Jonas— se não for uma boa mãe, não vou permitir que ela fique com o bebê."

Assim foi, e Jonas continuou morando no coração de Romãozinho. Sempre que podia mexia bem devagarinho para conduzi-lo pelo bom caminho, permitindo que fosse um menino esperto e feliz. (E Jonas também ficava muito feliz com a cara de satisfação de dona Romã cada vez que via seu querido filho agindo corretamente.) Algumas das atitudes de Romãozinho, no entanto, transformavam a tarefa de Jonas em uma verdadeira peleja e, em muitas ocasiões, esteve para decidir a abandonar seu protegido de forma definitiva. (Anjinhos protetores também podem cair em um baixo astral e querer tirar o time.) Foi em um desses aziagos dias em que Jonas pensava em desistir e dona Romã em tentar convencer algum funcionário do Ministério da Agricultura do Reino a tomar Romãozinho de volta, que chegou a coruja mais velha da Floresta e lhe transmitiu uma importante mensagem.

A mensagem da coruja da Floresta

A velha coruja, que acompanhava havia muito tempo a vida e o sofrimento da dona Romã, tinha tomado a decisão de sobrevoar o Reino todo e de não parar até descobrir alguma possibilidade de ajudar a sua protegida. Um belo dia, no meio de um dos seus vôos regulares, ouviu a conversa de duas pessoas que haviam passado por muitos sofrimentos e que falavam deles de forma calma e sorridente. Isso chamou a sua atenção e a levou a querer escutar com mais detalhes. Pois não é que as duas pessoas haviam conseguido a ajuda de duas famosas majés do Reino? Vocês sabem o que quer dizer majé? Em Ailisarb, muito antes de surgirem os pajés, as majés já haviam descoberto as artes da adivinhação, da cura das pessoas e da magia. Os homens só aprenderam muito tempo depois. Imediatamente a coruja bateu uma asa na sua testa e disse: "Que coisa!, como não pensei antes, eu conheço essas duas majés. Tenho que voar e alertar dona Romã." Nesse mesmo instante, a coruja protetora levantou vôo e não parou até se ver na árvore mais próxima da cabana de dona Romã.

Dona Romã, por ter sido muito duramente tratada pela vida, era muito céptica e, no começo não queria seguir os conselhos da sua amiga, a coruja. Ela ficava dando voltas e dizia: "Não tem jeito mesmo não, esse menino não se corrige, o jeito mesmo é devolvê-lo!" Mas a coruja não se deu por vencida e todos os dias voltava com novidades. Contava os novos feitos das duas grandes majés. Conseguiu mesmo que dona Romã falasse com algumas das pessoas que conheciam o trabalho das majés. Finalmente, um belo dia, a insistente coruja conseguiu seu propósito: dona Romã iria ver as duas majés e levaria seu filho Romãozinho.

Desde os primeiros encontros com as majés dona Romã percebeu que a melhor coisa que poderia ter feito era seguir o conselho da sábia coruja. O trabalho com as majés rendia seus frutos. Certas coisas começavam a acontecer. Dava para perceber que seu querido Romãozinho não era mau nem ruim, que podia ser ajudado. Nessas horas todo seu amor voltava com a maior força e tinha a convicção de que nunca iria tentar devolver seu querido filho. Assim passou-se um tempo. As mudanças iam acontecendo. Mas, as duas majés, percebendo que os problemas deveriam ser resolvidos com mais rapidez e que não podia confiar no ritmo em que as coisas estavam evoluindo, decidiram procurar a ajuda do velho Urso.

O velho Urso caminhante das montanhas rochosas

O velho Urso morava no Reino das Montanhas Rochosas, mas visitava o Reino de Ailisarb cada vez que a lua ficava cheia, para trabalhar com as duas majés. Decidiu-se então que haveria um encontro. Quando chegou o dia foram os quatro —dona Romã, Romãozinho e as duas majés— esperar que a lua cheia estivesse bem alta, redonda e bem brilhante. Aguardaram sentados diante da caverna do Urso. Romãozinho estava muito inquieto e quando viu sair o grande Urso ficou mais nervoso ainda e teve vontade de sair correndo. Acabou se contendo e ficando muito sério.

Depois das apresentações o Urso e Romãozinho sentaram-se bem pertinho e rapidamente começaram a conversar. Nesse momento, este pôde perceber, de forma muito nítida, que no coração de Romãozinho morava Jonas, seu protetor. Ficou muito claro que a tarefa não era das mais complicadas: teriam que se empenhar em permitir o crescimento de Jonas. Seria Jonas que ajudaria Romãozinho a ser um bom garoto. O Velho Urso ficou tão satisfeito com sua descoberta que quis dar um abraço em Romãozinho. Romãozinho levou um susto (vocês sabem como são os abraços dos ursos!) mas deu um abraço gostoso porque percebeu que o sentimento do Urso era de muito afeto por ele e sentiu que queria trabalhar junto com ele.

Romãozinho e o Urso saíram da caverna para conversar em particular e, nesse momento, o Urso viu no fundo dos olhos de Romãozinho a expressão de doçura e amor de Jonas e pôde ouvir sua voz interna dizendo-lhe: "ainda terás o prazer de ver esse bom Jonas tomando conta da situação, curtindo muito a vida e sorrindo."

Quando voltaram para a caverna, onde ainda estavam dona Romã e as majés, Jonas e o Urso tinha selado um pacto de confiança mútua. O Urso sabia que Jonas queria ajudar e proteger Romãozinho e que assim o faria. Despediram-se e combinaram um outro encontro: quando a lua voltasse a estar alta, redonda e brilhante dar-se iam um novo abraço.

O segundo abraço

Todo mundo estava com grande expectativa, era como se todos soubessem que o novo encontro do grupo iria ser algo importante. Quando chegou o esperado dia, o Velho Urso teve uma grata surpresa, e, de imediato percebeu a importância do momento. Os olhinhos de Jonas brilhavam e o seu sorriso era radiante. Dona Romã também parecia feliz e tranqüila, havia recuperado a confiança. Jonas havia tomado conta da situação e junto com sua mãe haviam superado um sério problema. Haviam sofrido muito com a situação, mas estavam satisfeitos pelo seu sucesso. A tranqüilidade de dona Romã era facilmente compreensível. Jonas havia resolvido protegê-la e cuidá-la, não permitindo que sofresse tanto estresse. O Urso não se conteve e deu um grande abraço em Jonas.

Depois de conversaram um pouco com as majés e com dona Romã, Jonas e o Urso, saíram da caverna para terem sua conversa particular, o que, de fato, era o que mais lhes interessava. Fizeram novos planos para o futuro e voltaram para dentro da caverna.

Os corvos agourentos

Quando se preparava para partir, o Urso percebeu que uns corvos agourentos voavam em círculos em torno da sua cabeça. "Isso só pode ser notícia ruim", pensou, vamos ver de que se trata. Os corvos desceram e trouxeram aquilo que eles mais gostam: más notícias. Quais eram essas más notícias? Talvez vocês não queiram saber (quem gosta de má notícia é corvo, não é), mas o fato é que quando os duendes e os gnomos da Floresta Encantada souberam que Jonas estava no comando, fizeram de tudo para obter a volta de Romãozinho. Jonas estava correndo o risco de perder a batalha. O Urso sentiu uma fúria tremenda (como só os ursos sabem ter), tinha vontade de ter pela frente quem quer que estivesse atrapalhando a vida de Jonas. (Ah!, se isso tivesse acontecido, não queiram vocês saber, ele teria feito picadinho de qualquer um.)

O Urso não queria ficar de braços cruzados, e como já estava a caminho do Reino das Montanhas Rochosas, resolveu chamar seus mensageiros prediletos: os colibris do Lago Azul. (Ele gosta desses mensageiros porque eles sabem como chegar até o coração das pessoas). Com eles o Urso mandou sua mensagem de confiança para Jonas. O Urso confia e acredita em Jonas, porque Jonas é um menino puro e bom que ganhará a batalha final.

Muitas vezes o sol se ocultou por trás das montanhas rochosas do Reino. O Urso esperou com ansiedade o dia do seu reencontro com Jonas. O Urso sabe que Jonas será o vencedor e está disposto a brigar muito ao lado dele. Ele não se deixará amedrontar por nenhuma pessoa, animal ou duende que queira atrapalhar o crescimento do seu novo amigo: Jonas de Ailisarb. No seu próximo encontro vai mostrar-lhe uma porta mágica que só se abrirá se Jonas ganhar a batalha e quiser que ela se abra... Quando Jonas conseguir vencer, poderá abrir e atravessar a porta, e gravar para sempre, no Grande Pergaminho do velho Urso, a história da sua luta pela paz e a felicidade. Assim, todas as pessoas e as crianças do Reino de Ailisarb, do Reino das Montanhas Rochosas e de todos os reinos visitados pelo Velho Urso, poderão conhecer essa bela aventura.

Ah!, estava esquecendo, sabem por que o Velho Urso tinha tanta confiança em Jonas? Porque Jonas o ajudou a compreender que ele não era ladrão, que não era malvado. Com sua ajuda o Velho Urso descobriu a resposta àquela velha questão: o que é o que ele quer ter? Jonas queria era ter...queria uma **ternura** muito grande, ele merecia essa ternura. Com certeza iria consegui-la.

—Linda! De onde saiu?

—Tudo que está nela é verdade. Eu peguei as informações com as duas *majés* e apenas agreguei um pouco de metáfora e simbolismo.

—São duas horas da manhã, vamos parar por aqui? Não adianta de nada ficar te perguntando se Jonas vai ou não vai mandar suas histórias. Já viste que eles estão indo bem. De qualquer forma, não podes deixar de confiar que no seu coração há plantada uma semente muito importante...

—Sim, paremos aqui, por enquanto. Depois veremos.

—Desde a última vez que conversamos passaram-se já alguns meses e eu gostaria de saber se tens notícias da família de Ar-nek e de Jonas.

—Temos notícias sim. A viagem para outras terras que estavam preparando não se concretizou. Os problemas aumentaram de forma assustadora. Mas eles haviam parado com a terapia. No mês de junho (de 1997) eu fiz uma dessas ligações (de seguimento), que costumamos fazer para pedir notícias da família. Deparei-me com uma mãe desesperada: Jonas havia fugido de casa (não era a primeira vez que agia dessa forma) e Ar-nek não sabia o que fazer.

—Vocês fizeram alguma coisa?

—Propusemos o reinício dos atendimentos. Jonas estava impossível. Poucos dias depois tivemos a idéia de aproveitar a presença de Salvador Minuchin, que estava participando de um encontro internacional de terapia familiar em Brasília, para que ele nos atendesse, que nos desse uma supervisão. Quase não conseguimos realizá-lo: até a véspera da data marcada para o trabalho, Jonas permanecia fugido. Só pudemos fazer o trabalho com Salvador porque Grace e Neuza se mobilizaram e conseguiram achar Jonas. Ele estava com um grupo de meninos no aeroporto.

Tivemos um apoio de luxo, pois além da participação de Salvador Minuchin, depois que a família foi embora, Cloé Madanes e Gianfranco Cecchin enriqueceram o diálogo com suas observações críticas.

Nós continuamos vendo a família e vivemos momentos de angústia (sensação de fracasso) e momentos de grande alento. Para concluir vou transcrever os dois finais da história, que Jonas se havia comprometido a escrever e que ele me entregara mais tarde..

Romãozinho, o menino sapeca

Era uma vez um menino muito sapeca. Quando ele nasceu, sua mãe o abandonou na porta da fada Violeta. A fada o tratou como a um anjo, mas uma coisa muito errada estava acontecendo, era como se o Zak jogasse uma nuvem negra para que tudo mudasse.

O filho da fada Violeta virou um duende muito mau. Sua mãe, muito triste, foi procurar ajuda de duas fadas. As duas fadas receitaram várias poções para o bom viver entre os dois, mas de nada adiantou. Vendo isso, as fadas resolveram chamar o mago maior, o grande Anilom.

Anilom, vendo o que acontecia, se propôs ajudar. Anilom estava conseguindo melhorar a vida de Romãozinho, mas o Zak, com muita raiva, fez com que todos se separassem.

Será que eles vão...
conseguir?

Jonas, o bom menino

Tudo fazia crer que não, mas uma coisa iria mudar tudo. Vendo a pressão, Romãozinho fugiu de casa para muito longe. Certo dia, as fadas mandaram uma mensagem psíquica para Violeta, dizendo que alguém queria falar com ela. Anilom veio como um anjo. Naquela hora Violeta agradeceu a grande Merlin por aquilo. Quinze dias depois eles novamente se encontraram. Talvez aquela fosse a última cartada de Dona Violeta.

FIM

—Foi um final feliz!

—Não nessa altura dos acontecimentos! De tempos em tempos eu, depois de muito hesitar, ligava para ter notícias.

—Por que tanta hesitação?

—Devido ao medo de ouvir a mãe se queixando de "mais uma do Jonas". Mas um belo dia liguei chamando-os para uma entrevista de seguimento.

—E como foi?

—Eu, apesar do clima descontraído e das boas notícias (Jonas estava indo bem na escola, seu comportamento com a mãe estava sendo bom, etc.), continuava apreensivo, a experiência negativa com eles havia sido longa e dolorosa. Por isso, quando Ar-nek, olhando para mim, disse: "Sabe da última do Jonas?", dei literalmente um pulo. Eu deveria de ter compreendido, pela sua expressão marota, que não se podia tratar de más notícias.

—E não eram?

—Não, era algo engraçado. Vou deixar Ar-nek contar.

"Jonas estava na escola e foi falar com a orientadora escolar. Durante a conversa ela fez comentários sobre o comportamento de Jonas e sobre a possibilidade de procurar uma terapia. Jonas, sorrindo, falou com ela: "eu tenho as minhas terapeutas, já faço terapia de família". Aí, a orientadora perguntou: "Quem são as suas terapeutas?" E Jonas respondeu: "A doutora Grace e a doutora Neuza." A orientadora disse, então: "Não sei quem são, não. Elas não devem ser conhecidas." Jonas ficou irritado e falou para mim: "Mãe, o que é que eu ia dizer para uma pessoa dessas que não sabe de nada... com certeza ela também não sabe quem é o doutor Minuchin, nem quem é o doutor Molina! Deixei para lá."

—Esse foi o verdadeiro final feliz da história.

—E tens notícias deles? Sim, as coisas continuam bem e eles serão nossos convidados de honra para o lançamento do livro em Brasília.

Referências bibliográficas:

ANATI, Emmanuel, *Le radicici della cultura*, Jaca Book, Milano, 1992.

ANDOLFI, Maurizio, Angelo, Claudio, *Tempo e mito em psicoterapia familiar*, Artes Médicas, Porto Alegre 1989. [Original italiano editore Boringhieri, 1987.]

ANDOLFI, Maurizio, HABER, Russel (Organizadores), *Por favor ajude-me com esta família, usando consultores como recurso na terapia familiar*, Artes Médicas, Porto Alegre, 1998. [Original inglês, Brunner/Mazel, 1994.]

ARISTÓTELES, *Poética*, [Edição brasileira] Nova Cultural, São Paulo, 1999.

AUSLOOS, Guy, Secretas de famille, *in* BENOIT, J.-C., org., 1980.

AUSLOOS, Guy, *La compétence des familles, temps, chaos, processus*, Érès,

BENOIT, Jean-Claude, (org.) *Changements systémiques en thérapie familiale*, Deuxième édition, ESF, Paris, 1980.

BETTELHEIM, Bruno, *Psychanalyse des contes de fées*, Robert Laffont, Paris, 1976. [Original inglês, Alfred Knopf, New York.]

BLOCH, Marc, *Introdução à história*, Portugal, Publicações Europa-América, 1997. [Original francês, Armand Colin, 1993, 1997.]

BOSCOLO, Luigi, BERTRANDO, Paolo, *Terapia sistemica individuale*, Raffaello Cortina Editore, Milano, 1996.

BUARQUE DE HOLANDA, Aurélio, *Novo dicionário Aurélio da Língua Portuguesa*, 2ª edição revista e aumentada, 19ª reimpressão,Nova Editora Fronteira, Rio de Janeiro, 1986.

CAILLÉ, Phillipe, REY, Yveline, *Il était une fois, du drame familial au conte systémique*, ESF, Paris, 1988.

CAMBEL, Joseph, EISLER, Riane, GIMBUTAS, Marija, MUSÈS, Charles, *Todos os nomes da Deusa*, Rosa dos Tempos, Rio de Janeiro, 1997.

CECCHIN, Gianfranco, LANE, Gerry, RAY, Wendel A., *Irreverenza, una strategia di sopravvienza per i terapeuti*, Franco Angeli, 1992.

CECCHIN, Gianfranco, LANE, Gerry, RAY, Wendel A., *Verità e pregiudizi, un approccio sistemico alla psicoterapia*, Raffaello Cortina Editore, 1997.

CERTEAU, Michel de, A operação histórica, *in* LE GOFF, Jaques e NORA, Pierre, 1995.

CLASTRES, Pierre, *Chronique des indiens Guayaki, ce que savent les aché, chasseurs nomades do Paraguay*, Plon, Paris, 1991.

DEVEREUX, Georges, *Essais d'ethnopsychiatrie générale*, trosième édition, Gallimard, Paris, 1979.

DEVEREUX, Georges, *De l'angoisse à la méthode dans les ciences du comportement*, Flamarion, Paris, 1980.

DI NICOLA, V., Vincenzo, *Um estranho na família, cultura, famílias e terapia*, Artemed, Porto alegre, 1998. [Original inglês, W.W. Norton & Company, 1997.]

DUBY, Georges, História social e ideologia das sociedades, *in* LE GOFF, Jaques e NORA, Pierre, *História: novos problemas*, Francisco Alves Editora, Rio de Janeiro, 1995. [Original francês, 1994.]

ECO, Umberto, *Seis passeios pelos bosques da ficção*, Companhia das Letras, terceira reimpressão, São Paulo, 1999. [Original inglês 1994.]

ECO, Umberto, *lector in fabula*, Editora Perspectiva, São Paulo, 1986. [Original italiano, Valentino Bompiani, 1979.]

EISLER, Riane, *O cálice e a espada, nossa história, nosso futuro*, Imago, Rio de Janeiro, 1989. [Original inglês 1989.]

ERICKSON, Milton, *L'hypnose thérapeutique, quatre conférences,* ESF, Paris, 1986. [Original inglês, Irwington Publishers, New York, 1983.]

ERICKSON, Milton, ROSSI, Ernest Lawrence, *O homem de fevereiro, expandindo a consciência e a identidade em hipnoterapia*, Editorial Psy, Campinas, 1994. [Original inglês, Brunner/Mazel, 1989.]

EVANS-PRINTCHARD, E.E., *Les Nuer, description des modes de vie et des institutions politiques d'un peuple nilote*, Gallimard, Paris, 1994. [Original inglês, Oxford, Clarendon Press, 1937.]

FACCHINI, F., GIMBUTAS, M., KOZOLOWSKI, J.K., VNDERMEERSCH, B., *La religiosità nella preistoria*, Jaca Book, Milano, 1991.

FACCHINI, F., Cercatori di infinito: da quando?, in FACCHINI, F., GIMBUTAS, M., KOZOLOWSKI, J.K., VNDERMEERSCH, B., *La religiosità nella preistoria*, Jaca Book, Milano, 1991

FERREIRA, Antonio J., Mitos familiares, [original inglês, 1966], *in* SLUSKI, C.E., (org.), 1980.

FINLEY, M.I., *Uso e abuso da história*, Martins Fontes, São Paulo, 1989. [Original inglês, University of Cambridge, London, 1975.]

FURET, François, O quantitativo em história, *in* LE GOFF, Jaques e NORA, Pierre, *História: novos problemas*, Francisco Alves Editora, Rio de Janeiro, 1995. [Original francês, 1994.]

FREUD, Sigmund, *Psicopatología de la vida cotidiana*, Obras Completas, Tomo III, Biblioteca Nueva, Madrid, 1972. [Original alemão 1901.]

FREUD, Sigmund, *Ell chiste y su relación con el inconsciente*, Obras Completas, Tomo III, Biblioteca Nueva, Madrid, 1972. [Original alemão 1905.]

GARZANTI, *Il grande dizionario della lingua italiana*, Garzanti editore, Italia, 1987.

GIMBUTAS, Marija, La religione della dea nell'Europa preistorica, *in* FACCHINI, F., GIMBUTAS, M., KOZOLOWSKI, J.K., VNDERMEERSCH, B., *La religiosità nella preistoria*, Jaca Book, Milano, 1991.

HALEY, Jay, *Aprendendo e ensinando terapia*, Artmed, Porto Alegre, 1998. [Original inglês, Gilford Press, 1996.]

HARRIS, Marvin, *Cannibals et monarques, essai sur l'origine des cultures*, Flamarion, Paris, 1979. [Original inglês, Random House, New York, 1977.]

HARRIS, Marvin, *Nuestra Especie,* Alianza Editorial, tercera reimpresión, Madrid, 1994. [Original inglês, Harper & Road, 1989.]

HERSKOVITS, Melville J., *El hombre y sus obras, La ciencia de la antropología cultural*, Fondo de Cultura Económica, undécima reimpresión, 1995. [Original inglês, Alfred Knof, New York, 1948.]

HOBSBAWM, Eric, *Sobre história*, Companhia das Letras, São Paulo, 1998. [Original inglês, 1997.]

HOUXLEY, Francis, *Aimables sauvages*, Librairie Plon, Paris, 1993. [Original Inglês, SD.]

KEITH, David V., A família de origem como consultor terapêutico para a família, *in* ANDOLFI, M. & HABER, R., 1988.

KAST, Verena, *Le fiabe che curano, racconti popolari e psicoterapia*, Red Edizione, Como, 2000. [Original alemão, Waler Verlag, Olten, 1986.]

KEROUAC, Michel, *La métaphore thérapeutique et ses contes, études ericksoniennes*, MKR, Québec, 1996.

LARROUSE CULTURAL, *Grande encicopédia Larousse Cultural*, Círculo do Livro, São Paulo, 1990.

LE GOFF, Jacques, Prefácio *in* BLOCK, Marc, *Introdução à história*, Portugal, Publicações EuropaAmérica, 1977.

LE GOFF, Jaques e NORA, Pierre, *História: novos problemas*, Francisco Alves Editora, Rio de Janeiro, 1995. [Original francês, 1994.]

LE GOFF, Jaques e NORA, Pierre, Apresentação, *in* LE GOFF, Jaques e NORA, Pierre, *História: novos problemas*, Francisco Alves Editora, Rio de Janeiro, 1995. [Original francês, 1994.]

MALAREWICZ, Jacques-Antoine, *La stratégie en thérapie ou l'hypnose sans hypnose de Milton H. Erickson*, ESF, Paris, 1988.

MALAREWICZ, Jacques-Antoine, *Cours d'Hypnose clinique, études ericksoniennes*, ESF, Paris, 1990.

MALAREWICZ, Jacques-Antoine, GODIN, Jean, *Milton Erickson, de l'hypnose clinique à la psychothérapie stratégique*, 2ª édition, ESF, Paris, 1986.

MALINOWSKI, Bronislaw, *Los Argonautas del Pacífico Occidental, un estudio sobre comercio y aventura entre los indígenas de los archipiélagos de la Nueva Guinea melanésica*, Ediciones Península, Barcelona, 1973. [Original inglês, Routledge and Kegan Paul, 1922.]

MANTOVANI, Guiseppe, *L'elefante invisibile, tra negazione delle diversità: scontri e incontri multiculturali*, Giunti, Firenze, 1998.

MATURANA, Humberto, *Biología de la congnición y epistemología*, Universidad de la Frontera, Temuco, Chile, 1990.

MATURANA, Humberto, *La objetividad un argumento para obligar*, Dolmen, Santiago, 1997.

MATURANA, Humberto, VERDEN-ZÖLLER, Gerda, *Amor y juego, fundamentos olvidados de lo humano, desde el patriarcado a la democracia*, Instituto de terapia cognitiva, Segunda edición, Santiago, 1994.

MEAD, Margaret, *Moeurs e sexualité en Océanie*, Librairie Plon, Paris, 1963. [Original inglês, William Morrow, 1928.]

METRAUX, Alfred, *Les indiens de l'Amerique du Sud*, Métailié, 1982. [Ed. Original Burrelier, Paris, 1946.]

MEYNCKNEZ-FOUREZ, Muriel, La fraterie, le point de vue éco-systémique, *in* TILMANS-OSTYN, Edith, MEYNCKENS-FOUREZ, Muriel, 1999.

MINUCHIN, Salvador, Comunicação pessoal, Brasília, Julho de 1997.

MOLINA-LOZA, Carlos Arturo, Como decía mi abuela..." De la construcción del cuento terapéutico a la (co)^{n}strucción de la historia familiar, *Sistemas familiares,* Año 10 – N° 3, Buenos Aires, noviembre de 1994.

MOLINA-LOZA, Carlos Arturo, *Destino familiar, desatino terapêutico, experiências si-cibernéticas em terapia familiar sistêmica breve*, ArteSã, Belo Horizonte, 1996.

MOLINA-LOZA, Carlos Arturo, *Chaves para uma terapoética da família, conhecer e compreender a família brasileira*, ArteSã, Belo Horizonte, 1998.

MOLINA-LOZA, Carlos Arturo, *Histórias, contadas com amor, para mudar e crescer – Narrativas terapêuticas I*, ArteSã, Belo Horizonte, 2000.

MOLINA-LOZA, Carlos Arturo, Um escutar diferente para uma intervenção... diferente (tecendo novas histórias terapêuticas), Manuscrito inédito, SDa.

MOLINA-LOZA, Carlos Arturo, *Teoria da tarefa, famílias e terapeutas construindo novos caminhos* (em preparação, título provisório), SDb.

MOLINA-LOZA, Carlos Arturo, *O espírito da coisa, família, terapia e cultura,* (em preparação), SDc.

MORIN, Edgar, *Amor, poesia e sabedoria*, Bertand Brasil, Rio de Janeiro, 1998. [Original Francês, Paris, Editions du Seuil, 1977.]

MORIN, Edgar, *Introduction à la pensé complexe*, sixième tirage, ESF, Paris, 1996.

NEIL, John R., KNISKERN, David P., *Da psique ao sistema, a evolução da terapia de Carl Whitakr*, Artes Médicas, Porto Alegre, 1990. [Original inglês, The Guilford Press, New York.]

NORA, Pierre, O retorno do fato, *in* LE GOFF, Jaques e NORA, Pierre, *História: novos problemas*, Francisco Alves Editora, Rio de Janeiro, 1995. [Original francês, 1994.]

O'HANLON, William Hudson, *Raízes profundas, fundamentos da terapia e da hipnose de Milton Erickson*, Editorial Psy II, Campinas, 1994. [Original inglês SD.]

O'HANLON, William Hudson, WEINER-DAVIS, *Em busca de soluções, novos rumos em psicoterapia*, Editorial Psy II, Campinas, 1994. [Original inglês SD.]

OMER, Haim, *Intervenções críticas em psicoterapia, do impasse ao início da mudança*, Artes médicas, Porto Alegre, 1997a. [Original inglês, W.W. Norton, 1994.]

OMER, Haim, Narrative Empathy, *Psychoterapy*, Volume 34 Number 1, Spring 1997b.

OMER, Haim, & ALON, Nahi, *Constructing therapeutic narratives*, Jason Aronson, New Jersey, London, 1997

PINKOLA ESTÉS, Clarissa, *O Jardineiro que tinha fé*, Rocco, Rio de Janeiro 1996. [Original inglês 1995.]

PINKOLA ESTÉS, Clarissa, *O dom da história, uma fábula sobre o que é suficiente*, Rocco, Rio de Janeiro 1998. [Original inglês 1993.]

PINKOLA ESTÉS, Clarissa, *Mulheresque correm com os lobos, mistos e histórias do arquétipo da mulher selvagem*, 12ª edição, Rocco, Rio de Janeiro 1999. [Original inglês 1992.]

REBÉRIOUX, Madeleine, Entrevista *in* MANSOR D'ALESIO, Marta, *Reflexões sobre o saber histórico, entrevistas com Pierre Vilar, Michel Volvelle, Madeleine Reberiux*, Unesp, São Paulo, 1998.

ROBERT, *Le petit Robert, Dictionnaire alphabétique e analogique de la langue française,* Dictionnaires Le Robert, Paris, 1990.

ROSEN, Sidney, *Minha voz irá contigo, los cuentos didácticos de Milton Erickson*, Paidós, Buenos Aires, 1986. [Original inglês, Norton, 1982.]

SALOMÉ, Jacques, *Contes à guérir, contes à grandir*, Albin Michel, Paris, 1993.

SOPENA, *Nuevo diccionario ilustrado Sopena de la lengua española,* Editorial Ramón Sopena, Barcelona, 1976.

SLUSKI, C.E., (org.) *Interação familiar, aportes fundamentales sobre teoria y técnica*, Edições Buenos Aires, Buenos Aires, 1980.

TILMANS-OSTYN, Edith, La démarche vers le thérapeute, *in* TILMANS-OSTYN, Edith, MEYNCKENS-FOUREZ, Muriel, 1999.

TILMANS-OSTYN, Edith, MEYNCKENS-FOUREZ, Muriel, (sous la direction de), *Les ressources de la fraterie*, Érès, Ramonville Saint-Agne, France, 1999.

TUCHMAN, Barbara W., *A prática da história*, José Olympio, Rio de Janeiro, 1991. [Original inglês, Papermac, Macmillan Publishers Ltd., London, 1983.]

TULLIO-ATLAN, Carlo, *Antropologia, storia e problemi*, sesta edizione, Feltrinelli, Milano, 1996.

TURNBULL, Colin, *Les Iks, Survivre par la cruauté – Nord Ouganda*, Terre Humaine/Poche, Plon, Paris 1987. [Original inglê 1972.]

VARANO, Maria, *Guarire con le fiabe, como trasformare la propria vita in un racconto*, Seconda edizione, Meltemi, Roma, 1999.

VEYNE, Paul, A história conceitual, *in* LE GOFF, Jaques e NORA, Pierre, 1995.

VILAR, Pierre, Entrevista *in* MANSOR D'ALESIO, Marta, *Reflexões sobre o saber histórico, entrevistas com. Pierre Vilar, Michel Volvelle, Madeleine Rebériux*, São Paulo, Unesp, 1998.

VON FRANZ, Marie Louise, *L'intrepétation des contes de fées*, La fontaine de Pierre, Paris, 1978. [Original inglês, Spring Publications, New York, 1970.]

WATZLAWICK, Paul, *El lenguaje del cambio, nueva técnica de la comunicación terapéutica*, Barcelona, Herder, 1980. [Original alemão, Verlag Hans Huber, Berna-Stuttgart-Viena, 1977.]

WATZLAWICK, Paul, BEAVIN, Janet Helmick, JACKSON, Don D., *Pragmática da comunicação humana, um estudo dos padrões, patologias e paradoxos da interação*, Cultruix, São Paulo 1981. [Original inglês W.W. Norton & Company, 1967.]

WEBSTER'S, *The new exicon Webster's dictionary o the english language*, Lexicon Publications, New York, 1990.

WHITE, Michael, *Guias para una terapia familiar*, Gedisa, Barcelona, 1994. [Original inglês, Dulwich Centre Publications, Australia 1989.]

WHITE, Michael, EPSTON, David, *Medios narrativos para fines terapéuticos*, Paidós, Buenos Aires, 1993. [Original inglês W. W. Norton, 1980.]

ZEIG, Jeffrey, *Vivenciando Erickson, uma apresentação da pessoa humana de Milton Erickson*, Psy, Campinas, SD. [Original inglês, Brunner/Mazel, 1985.]

ZEIG, Jeffrey (Org.), *Seminários didáticos com Milton Erickson, hipnose, metáforas e comunicação em psicoterapia*, Psy, Campinas, 1995. [Original inglês, Milton Erickson Foundation, 1980.]

Epílogo

Não está muito longe o dia em que voltei a trilhar as veredas que conduzem a velha Floresta Encantada. Ela ficou, durante muito tempo, sem receber minhas visitas. Não que houvesse me esquecido da sua existência, porque sempre permaneceu viva na minha memória. Qual teria sido o motivo de não ter voltado para ela? Talvez fosse a simples petulância de quem crê que sabe —confia só no intelecto, pensa e pensa— e, esquecendo-se do seu coração, acaba ignorando o que sente.

Mas, essa maravilhosa Floresta nunca deixou de mandar sua mensagem, de fazer sentir sua presença. Os ecos, que dela sempre me chegavam, sensibilizavam-me profundamente. Com facilidade reconhecia as vozes através das quais chegava o seu apelo: eram as vozes do meu pai, da minha mãe e da minha avó, aquela que, com os meus irmãos, chamávamos de Mamita. Eles que tantas e tantas vezes embalaram as nossas noites com aqueles contos maravilhosos.

Hoje, depois de ter, de novo, percorrido suas sendas e reencontrado sua fonte encantada, os animais que possuem o dom da palavra, os seus gênios poderosos, suas fadas madrinhas e, claro, como não podia deixar de ser, seus inúmeros perigos, suas fendas desconhecidas, seus ogros ameaçadores, os diversos animais à espreita e suas bruxas más... com a impressão de estar em uma das suas clareiras, rodeada de imensas árvores, faço uma pausa para refletir. Qual será o rumo que tomarão meus passos? Gostaria de saber se serei capaz de utilizar minha familiaridade com esse mundo fantástico para, com os meus relatos, ajudar os meus clientes a refazer suas histórias. E se for fazer contos...

Mas, para começar a responder a esses questionamentos, tenho previamente que responder a uma outra questão: como formular minha pergunta sobre o conto sem antes escolher qual o nome que utilizarei? As possibilidades são várias. Optarei pelo tradicional ***contos de fadas***, dos irmãos Grim e Charles Perrault (SORIANO, M., 1989), que é retomado tanto por Marina WARNER (1999) no seu estudo, quanto por Bruno BETTELHEIM (1979) e Marie-Loiuse VON FRANZ (1978)? Acato a sugestão dos tradutores do livro de Italo CALVINO (1956), que optaram por ***fábulas***? Simplesmente decido-me pelo amplo ***conto popular***, como prefere G.S. KIRK (1985)? Ou, finalmente, acabo optando por escolher ***contos maravilhosos***, como proposto por PROPP (1997)?[1]

Escolha difícil... sobretudo porque não poderia ser feita antes de haver estudado a fundo a questão! Mas isso não impede que eu tenha vontade de fazer minha pergunta. Mas, para ter o direito de fazê-la, preciso de um nome... havia pensado que o mais adequado seria permitir-me, com base na pesquisa já iniciada, arriscar ***conto fantástico***. Mas, segundo sei, essa categoria já existe e é diferente. Por isso ficarei com ***conto maravilhoso***, como proposto por Propp. Se for necessário... mudo depois[2].

Sendo assim, vai minha pergunta: estaríamos, nós terapeutas, ao transformar os relatos dos clientes em narrativas terapêuticas, recriando, a partir dos nossos complexos elementos culturais, o conto maravilhoso? Seria esta forma de transmitir nossa mensagem de saúde e crescimento, capaz de atingir, com força redobrada, o nosso objetivo?

Não pretendo aqui nem sequer esboçar um início de resposta. Quero apenas compartilhar as minhas inquietações e reflexões. Sinto-me questionado por bruxas e fadas, ogros e anões, todos parecem perguntar-me: "Vamos continuar aparecendo, com novas aventuras, para as novas gerações, através do conto maravilhoso terapêutico?"

Se a resposta for positiva —e se eu tiver alguma coisa a ver com isso— talvez esteja contando-lhes, em um futuro não muito distante em ***O catador de histórias... Narrativas terapêuticas III***[3], as novas aventuras vivenciadas

---

[1] Não posso deixar de fazer constar aqui que os tradutores franceses usam sistematicamente *conte de fées*, os italianos *fiaba*, os portugueses, algumas vezes ficam com *conto de magia*, os ingleses *fairly tales*, quando se defrontam, com os contos definidos por Propp como maravilhosos.

[2] Quando já havia escrito estas linhas caiu na minha mão um outro livro do Vladimir Propp (SD), ele, além de uma riqueza notável, trouxe-me uma grande dúvida: os tradutores portugueses optaram por ***conto de magia*** ao invés de ***conto maravilhoso***. Tentei procurar em outro livro de Propp (1973), editado em francês, e esta edição também se refere ao conto maravilhoso. Na versão brasileira de *Comicidade e riso*, de Vladimir PROPP (1976), encontro uma certa ambigüidade, a expressão conto maravilhoso é utilizada em um sentido mais abrangente do que nas outras obras citadas (ver pp. 70-71). Isso só faz aumentar a minha confusão. Qual teria sido a expressão usada por Propp em russo? Seria realmente equivalente a conto maravilhoso? Ainda não sei, buscarei saber.

[3] Como o processo de maceração deste trabalho durou mais do que eu imaginei, ao concluir estas linhas posso compartilhar a seguinte nova: os seres que povoam a floresta encantada já começaram a visitar-me, cada um deles veio com um presente...

com os meus clientes... meus heróis. Enquanto esse momento não chega, vou encerrar a conversa como fazia a minha ***Mamita*** quando acabava de contar-nos um conto:

---

um conto maravilhoso. Por isso, breve poderei contar-lhes algo a respeito das minhas aventuras junto deles, aguardem... não demoro!

Índice onomástico

Referências

BETTELHEIM, Bruno, *Psychanalyse des contes de fées,* Robert Laffont, Paris, 1979. [Original inglês, 1976.]

CALVINO, Italo, *Fiabe Italiane, raccolte dalla tradizione popolare durante gli ultimi cento anni e trascritte in lingua dai vari dialetti da Italo Calvino,* Volume primo, Giulio Einaudi, Torino, 1956. [Existe uma versão brasileira incompleta.: *Fábulas italianas, coletadas na tradição popular durante os últimos cem anos e transcritas a partir de diferentes dialetos,* Companhia das letras, 7ª reimpressão, São Paulo, 1999.]

GRIMM, Jacob & Wilhelm, *Contos de Grimm,* Vila Rica, Belo Horizonte, 1994.

KIRK, G.S., *El mito, su significado y funciones en la Antigüedad y otras culturas,* Paidós, Barcelona, 1985. [Original inglês, Cambridge University Press, Londres, 1970.]

PERRAULT, Charles, *Contes* (Textes établis et présentés par Marc Soriano), Flammarion, Paris, 1989.

PROP, Vladímir, Morphologie du conte, Poétique/Seuil, Paris, 1973. [Original russo, 1969.]

PROP, Vladímir, *Raízes históricas do conto maravilhoso,* Martin Fontes, São Paulo, 1977. [Original russo, 1946.]

PROPP, Vladimir, *Édipo à luz do folclore, (Quatro estudos de etnografia histórico cultural,* Vega, Lisboa SD. [As datas da edição original russa destes quatro estudos são, pela ordem, as seguintes: 1934; 1939; 1944; 1946.]

PROPP, Vladimir, *Comicidade e riso,* Editora Ática, São Paulo, 1992. [Original russo, Iskussvo, 1976.]

VON FRANZ, M.L., *L'interpretation des contes de fées,* La Fontaine de Pierre, Paris, 1978. [Original inglês, Spring Publications, New York, 1970.]

WARNER, Marina, *Da Fera à Loira: sobre contos de fadas e seus narradores,* Companhia das Letras, São Paulo, 1999. [Original inglês, 1994.]

Índice Temático

S

T

Índice de ilustrações

Impresso:
GRÁFICA VALCI EDITORA LTDA.
SIG/SUL - Quadra 06 - Lote 2.230 - Brasília DF
Tel: (61) 344-1300/344-5999 - Fax:(61) 344-3025
CNPJ: 00336024/0001-16